SV

Band 370 der Bibliothek Suhrkamp

Drei Elemente machen das Außerordentliche dieses Buches aus: Sokrates' Weisheit und Zweifel, Paul Valérys inspirierte Suche nach einer Methodologie des Schaffens und die Sprachkunst dieser in den letzten Lebensjahren Rilkes entstandenen Prosa-Übertragung. Thema dieser Dialoge, von Walter Benjamin als »die einzige schöne und bedeutende Schrift in der Form des platonischen Dialoges« bezeichnet, sind die Künste, Malerei und Dichtung, Tanz, Musik und Architektur und ihre Wirkung auf Menschen. Es geht um die Form, darum, aus einem »unförmigen Haufen von Steinen« eine »Welt genauer Kräfte« zu schaffen. »Die größte Freiheit geht aus der größten Strenge hervor.«

Paul Valéry

Eupalinos oder Der Architekt

Eingeleitet durch

Die Seele und der Tanz

Übertragen von

Rainer Maria Rilke

Suhrkamp Verlag

Titel der französischen Originalausgabe:
Eupalinos ou l'Architecte, précédé de l'Ame et la Danse. Paris 1923
Text und Anmerkungen des in der Bibliothek Suhrkamp erstmals 1973 erschienenen Bandes folgen seit der zweiten Auflage 1991 dem von Karl Alfred Blüher herausgegebenen Band 2 der *Werke* von Paul Valéry (Frankfurter Ausgabe in 7 Bänden).

Erste Auflage 2017
Suhrkamp Verlag Berlin
Mit freundlicher Genehmigung des Insel Verlags
Frankfurt am Main und Leipzig

Umschlag: Willy Fleckhaus
Printed in Germany
ISBN 978-3-518-24086-1

DIE SEELE UND DER TANZ

ERYXIMACHOS

O Sokrates, ich sterbe! ... Gib mir Geist! Schenk die Ideen ein! ... Halte mir deine scharf riechenden Rätsel an die Nase! ... Diese Mahlzeit ohne Erbarmen übersteigt jeden begreiflichen Anreiz und jeden glaubwürdigen Durst! ... Was für ein Zustand, Nachfolger zu sein guter Dinge, und eine Verdauung zu erben! ... Meine Seele ist nur noch ein Traum, geträumt vom Stoff, der mit sich selber kämpft! ... O gute Dinge, und zu gute, ich befehle euch, vorbeizugehen! ... Wehe! Seit dem Sturz des Tages sind wir die Beute dessen, was das Beste ist auf der Welt, dieses fürchterliche Beste, das, vervielfacht um die Dauer, eine unerträgliche Gegenwart auferlegt ... Am Ende geh ich zugrund an einem unsinnigen Wunsch nach trockenen Dingen – ernsthaften – ganz und gar aus Geist! ... Erlaube, daß ich mich setzen komme zu dir und Phaidros, und laß zu, daß ich, absichtlich abgekehrt von diesen immerfort nachwachsenden Fleischgängen und diesen unerschöpflichen Krügen, eueren Worten die feinste Schale meines Geistes hinhalte. Was sagtet ihr eben?

PHAIDROS

Nichts, vorderhand. Wir sahen zu, wie unseresgleichen aß und trank ...

ERYXIMACHOS

Aber Sokrates unterließ doch gewiß nicht, über eine Sache nachzudenken? ... Vermag er jemals einsam zu sein mit sich selbst und schweigsam bis in die Seele hinein! Er lächelte seinem Dämon zärtlich zu, an dem dämmrigen Rand dieses Festmahls. Was murmeln deine Lippen, teurer Sokrates?

SOKRATES

Sie sagten mir leise: der Mensch, der ißt, ist der gerechteste der Menschen.

ERYXIMACHOS

Da ist schon das Rätsel, und die geistige Eßlust, die es zu erregen weiß ...

SOKRATES

Der Mensch, der ißt, sagen sie, nährt sein Gutes und sein Böses. Jeder Bissen, den er in sich schmelzen fühlt und sich verteilen in ihm selbst, ist bestimmt, neue Kräfte seinen Tugenden zuzuführen, wie er das gleiche auch für seine Laster tut. Er unterhält seine Wirrnisse in demselben Maße, wie er seine Hoffnungen auffüttert, und teilt sich irgendwo zwischen seinen Leidenschaften und den Entschlüssen seines Verstandes. Die Liebe hat davon nötig wie der Haß; meine Freude und meine Bitterkeit, mein Gedächtnis mitsamt meinen Plänen teilen sich brüderlich die gleiche Substanz eines Bissens. Was denkst du davon, Sohn des Akumenos?

ERYXIMACHOS

Ich denke, daß ich denke wie du.

SOKRATES

O Arzt, der du bist, ich bewunderte im stillen die Handlungen aller dieser Körper, die sich ernähren. Jeder gibt, ohne es zu wissen, in der gerechtesten[1] Weise jeder guten Lebensmöglichkeit, jedem Todeskeim, den er in sich trägt, das, was ihnen zukommt. Sie wissen nicht, was sie tun, aber sie tun es wie die Götter.

ERYXIMACHOS

Ich habe das längst beobachtet: alles, was in den Menschen eindringt, benimmt sich in der allernächsten Folge so, wie es dem Geschick gefällt. Man könnte sagen, die Meerenge der Kehle sei gewissermaßen die Schwelle der launenhaften Notwendigkeiten und des Geheimnisses in seiner Ordnung. Hier hört der Wille auf und der gesicherte[2] Bereich des Bewußtseins. Aus diesem Grunde habe ich in der Ausübung meiner Kunst auf alle die wankelmütigen Mittel verzichtet, die die Ärzte im allgemeinen ihren verschiedenen Kranken zumuten; ich halte mich strenge an die entschiedenen Heilmittel, wie sie durch ihre Natur miteinander zusammenhängen.

PHAIDROS

Was für Heilmittel?

ERYXIMACHOS

Es gibt acht: das Warme, das Kalte; die Enthaltung und ihr Gegenteil; die Luft und das Wasser; die Ruhe und die Bewegung. Das ist alles.

SOKRATES

Für die Seele aber gibt es nur zwei, Eryximachos.

PHAIDROS

Welche denn?

SOKRATES Die Wahrheit und die Lüge.

PHAIDROS

Wie denn?

SOKRATES

Verhalten sie sich nicht zueinander wie das Wachen und der Schlaf? Suchst du denn nicht das Erwachen und die Klarheit[3] des Lichtes, wenn ein böser Traum dich besitzt? Sind wir nicht wie vom Tode erweckt durch die Sonne in Person und gestärkt durch die Gegenwart verläßlicher Dinge? – Aber erwarten wir nicht dafür vom Schlaf und von den Träumen, daß sie unsere Kümmernisse auflösen und uns die Sorgen abnehmen, die uns verfolgen in der Welt des Tages? So flüchten wir also vom einen ins andre, den Tag anrufend in der Nacht; die Finsternis dagegen herbeirufend, solange wir das Licht haben; ängstlich zu wissen, allzu glücklich in unserem Unwissen, suchen wir bei dem, was ist, ein Heilmittel gegen das, was nicht ist; und das, was nicht ist, soll uns Erleichterung gewähren von dem, das ist. Bald nimmt uns das Wirkliche auf, bald die Täuschung; und die Seele, zum Schluß, hat keine anderen Zuflüchte als das Wahre, das ihre Waffe ist – und die Lüge, ihre Rüstung.

ERYXIMACHOS

Gut, gut . . . Aber fürchtest du nicht, teurer Sokrates, eine gewisse Folgerung dieses Gedankens, der dir da kam?

SOKRATES

Welche Folgerung?

ERYXIMACHOS

Die folgende: die Wahrheit und die Lüge streben nach demselben Ziel ... Es ist die gleiche Sache, die, indem sie sich auf verschiedene Art anstellt, uns lügnerisch macht oder wahrhaftig; und so wie das Warme und das Kalte uns abwechselnd angreifen oder verteidigen, verhält es sich auch mit dem Wahren und Falschen und den widersprüchlichen Willen, die darauf Bezug haben.

SOKRATES

Nichts ist so gewiß. Ich kann nichts dafür. Das Leben selbst will es so: du weißt es besser als ich, es bedient sich jedes Umstands! Alles ist ihm recht, Eryximachos, um nur ja keinen Schluß zu ziehen, oder höchstens den Schluß auf sich selbst ... Ist es nicht die geheimnisvolle Bewegung, die über dem Umweg alles dessen, was geschieht, mich unaufhörlich in mich selbst verwandelt und mich ziemlich geschwind zurückführt auf diesen selben Sokrates, daß ich ihn wiederfinde und, in der Einbildung, ihn wiederzuerkennen, notgedrungen zugebe, daß *ich bin*? – Das Leben ist eine Frau, welche tanzt und die auf göttliche Weise aufhören würde, Frau zu sein, dürfte sie ihrem vollzogenen Sprung nachgeben bis in die Wolken. Aber da wir nicht bis ins Grenzenlose können – weder im Traum noch im Wachen –, so muß auch es, in ähnlicher Weise, immer wieder es selbst werden; muß aufhören, Flocke zu sein, Vogel, Idee – aufhören, alles das zu sein, was dank der Flöte es sein durfte, denn die gleiche Erde, die es ausgesandt hatte, ruft es zurück und gibt es atemlos seiner weiblichen Natur wieder und seinem Freund ...

PHAIDROS

Wunder! ... Wunderbarer Mann! ... Beinah ein wirkliches Wunder! Kaum daß du zu sprechen beginnst, zeugst du das Notwendige! ... Deine Bilder können nicht Bilder bleiben! ... Eben jetzt, als ob aus deinem schöpferischen Mund die Biene zur Welt käme, und Biene um Biene – eben jetzt der geflügelte Chor der berühmten Tänzerinnen! Die Luft widerhallt und dröhnt von den ersten Verheißungen tänzerischer Schritte[4]! ... Alle Fackeln wachen auf ... Das Murmeln der Schläfer verwandelt sich; und an den Mauern, die von Flammen zucken, brüsten sich und beunruhigen sich die ungeheuren Schatten der Trunkenen! ... Sieh einer mir diese Truppe an, halb leicht, halb feierlich! – Wie die Seelen treten sie ein!

SOKRATES

Bei den Göttern, die hellen Tänzerinnen! ... Welche lebendige und anmutvolle Einführung der vollkommensten Gedanken! ... Ihre Hände sprechen, ihre Füße scheinen zu schreiben. Welche Genauigkeit bei diesen Wesen, welche sich üben, ihre nachgiebigen Kräfte so glücklich zu gebrauchen! ... Alle meine Schwierigkeiten lassen mich im Stich, und es gibt im Augenblick kein Problem, das Macht hat über mich, so vollkommen gehorche ich mit Glück der Beweglichkeit dieser Figuren! Hier ist die Gewißheit ein Spiel; man würde meinen, das Bewußtsein habe seine Handlung gefunden, und die Fähigkeit des Geistes stimme plötzlich der unwillkürlichsten Anmut zu ... Seht diese da! ... die Schlankste, die am meisten aufgeht in der reinsten Richtigkeit ... Wer mag sie sein? ... Sie ist köstlich hart und unaussprechlich biegsam ... Sie gibt nach, sie borgt den Rhythmus und erstattet ihn so genau zurück, daß ich sie, wenn ich die Augen schließe, auf das genaueste sehe durch mein Gehör. Ich verfolge sie, ich finde sie wieder, ich bin völlig unfähig, sie zu verlieren, und wenn ich mir die Ohren zuhalte und ihr dann zusehe, ist es mir unmöglich, die Kitharen nicht zu hören, so sehr ist sie Rhythmus und Musik.

PHAIDROS

Ich glaube, das ist Rhodopis[5], die dich entzückt.

SOKRATES

Bei Rhodopis also ist das Ohr in wunderbarer Weise verbunden mit dem Fußgelenk ... Wie ist das alles richtig an ihr! Das alte Zeitmaß ist ganz verjüngt durch sie!

ERYXIMACHOS

Aber nein, Phaidros! ... Rhodopis ist die andre, die zarte;

man läßt sich gehen, sie unaufhörlich mit den Augen zu liebkosen.

SOKRATES

Wer ist denn also dieses schlanke Ungeheuer von Biegsamkeit?

ERYXIMACHOS

Rhodonia.[6]

SOKRATES

Bei Rhodonia ist das Ohr wunderbarerweise gebunden an das Fußgelenk.

ERYXIMACHOS

Übrigens kenne ich sie alle, und jede im einzelnen. Ich kann euch alle ihre Namen sagen. Sie ordnen sich füglich zu einem kleinen Gedicht, das man leicht behält: Nips, Nophoë, Nema; – Nikteris, Nephele, Nexis; – Rhodopis, Rhodonia, Ptile ... Was den kleinen Tänzer angeht, der so häßlich ist, so nennt man ihn Nettarion ...[7] Aber die Königin des Chores ist noch nicht aufgetreten.

PHAIDROS

Wer herrscht denn über diese Bienen?

ERYXIMACHOS

Die erstaunliche, die vollendete Tänzerin, Athikte![8]

PHAIDROS

Wie du sie kennst!

ERYXIMACHOS

Dieses reizende Völklein hat noch viele andere Namen! Einige von den Eltern her; andere durch die nahe Vertrauten ...

PHAIDROS

Das bist du, dieser nahe Vertraute! ... Du kennst sie viel zu gut!

ERYXIMACHOS

Ich kenne sie in gewisser Weise besser als gut, ein wenig besser, als sie sich selber kennen. Bin ich nicht *Arzt*, o Phaidros? – In mir und durch mich werden alle Geheimnisse der Medizin im geheimen Geheimnisse der Tänzerinnen! Sie rufen mich für alles. Verstauchungen, gewisse Bläschen, Einbildungen, Herzschmerzen, die vielfältigen

Unfälle in ihrem Beruf (und diese organischen Unfälle, die sich herleiten von einer sehr beweglichen Beschäftigung), und ihre geheimnisvollen Zustände; sogar Eifersucht, künstlerische oder leidenschaftliche, ja sogar Träume! ... Willst du mir glauben, daß es genügt, daß sie mir irgendeinen Traum zuflüstern, der sie quält, damit ich, beispielsweise, auf das Angegriffensein irgendeines Zahnes schließe?

SOKRATES

Bewundernswürdiger Mann, der die Zähne erkennt aus den Träumen, meinst du, daß die Philosophen lauter verdorbene Zähne haben?

ERYXIMACHOS

Mögen mich die Götter vor den Bissen des Sokrates schützen!

PHAIDROS

Betrachtet mir lieber diese unzähligen Arme und Beine! ... Einige Frauen werden zu tausend Dingen. Tausend Fackeln, Vorhallen, die gleich wieder vergehen, Blumengitter, Säulen ... Die Bilder entstehen und schwinden ... Ein Gebüsch ist da, mit schönen Ästen, die alle sich bewegen im Winde der Musik! Gibt es einen Traum, Eryximachos, der mehr Bedrängnisse bedeutet und ein gefährlicheres Angegriffensein unserer Geister?

SOKRATES

Aber dieses da ist genau das Gegenteil eines Traumes, lieber Phaidros.

PHAIDROS

Ich, für meinen Teil, träume ... Ich träume von dieser Sanftheit, die unbegrenzt um sich selbst vervielfältigt erscheint, von diesem Sichbegegnen und Sichaustauschen jungfräulicher Formen. Ich träume von den unaussprechlichen Berührungen in der Seele zwischen den Takten, der Weiße und den Ausfällen dieser rhythmischen bewegten Glieder und den Betonungen jener dumpfen Symphonie, von der alle Dinge getragen scheinen, oder gemalt auf sie ... Ich atme wie einen Muskatduft, vielfach zusammengesetzt, das Gemisch dieser weiblichen Bezauberungen;

und meine Gegenwart verirrt sich in dieser Wirrnis von Anmut, wo eine jede sich verliert mit einer Gefährtin, um sich wiederzufinden an seiten einer anderen.

SOKRATES

Wollüstige Seele! erkenne hier also das Gegenteil eines Traumes und die Abwesenheit des Zufalls ... Aber was ist, Phaidros, eines Traumes Gegenteil, wenn nicht ein anderer Traum? ... Ein Traum von Wachsamkeit und Spannung, den die Vernunft selber träumte! – Und was könnte eine Vernunft träumen? Stünde sie so da, diese Vernunft, und träumte, fest aufrecht, den Blick bewaffnet und den Mund geschlossen, Herrin ihrer Lippen – wäre der Traum, den sie träumte, nicht das, was wir jetzt gewahren, diese Welt genauer Kräfte und vorgeübter Täuschungen? – Traum, Traum, aber Traum, der ganz von Symmetrien durchdrungen wäre, ganz Ordnung, ganz Handlung und Abfolge! ... Wer weiß, welche erhabenen Gesetze hier vor uns träumen, daß sie helle Gesichter angenommen haben und verabredet sind in der Absicht, den Sterblichen vorzuführen, wie das Wirkliche, das Unwirkliche und das Verständliche sich zu verschmelzen vermögen und sich zuzuordnen unter der Macht der Musen?

ERYXIMACHOS

Ganz gewiß, Sokrates, der Vorrat dieser Bilder ist unschätzbar ... Glaubst du nicht, daß wir recht eigentlich das Denken[9] der Unsterblichen sehen und daß die Unendlichkeit dieser edlen Ähnlichkeiten, die Verwandlungen, die Umstellungen und die Auflösungen, die unerschöpflich vor unseren Augen sich antworten und sich ableiten, uns versetzen in einen Bereich göttlicher Kenntnisse?

PHAIDROS

Wie rein ist er, wie anmutig, dieser kleine Tempel, rosa und rund, den sie jetzt bilden, während sie langsam sich drehen wie die Nacht! ... Und er fällt auseinander in junge Mädchen, die Gewänder flattern davon, und die Götter scheinen einen neuen Einfall zu haben! ...

ERYXIMACHOS

Gegenwärtig ist das göttliche Denken[10] dieser vielfarbige Überfluß zueinander bezogener lächelnder Figuren; er erzeugt die Wiederholungen dieser entzückenden Vorgänge, diese wollüstigen Wirbel, die aus zwei oder drei Körpern entstehen und zu keinem Bruch führen. Eine von ihnen ist gefangen. Sie wird nicht mehr herausfinden aus der verzauberten Verkettung! . . .

SOKRATES

Aber was tun sie auf einmal? . . . Sie geraten durcheinander, sie fliehen! . . .

PHAIDROS

Sie fliegen zu den Türen. Sie verneigen sich, um zu empfangen.

ERYXIMACHOS

Athikte! Athikte! . . . O Götter! . . . die bebende Athikte!

SOKRATES

Sie ist rein nichts.

PHAIDROS

Kleiner Vogel!

SOKRATES

Ding ohne Körper!

ERYXIMACHOS

Unerschwingliches Ding!

PHAIDROS

Es ist, o Sokrates, als folge sie unsichtbaren Zeichnungen!

SOKRATES

Oder daß sie einer edlen Schickung nachgibt!

ERYXIMACHOS

Sieh! Sieh! . . . Sie beginnt, siehst du's? mit einer göttlichen Gangart: einem einfachen Gang im Kreis . . . Sie beginnt mit dem Äußersten ihrer Kunst; sie schreitet auf das natürlichste auf dem Gipfel, den sie erreicht hat. Nichts ist entfernter von der ersten Natur als diese zweite, aber sie müssen einander zum Verwechseln gleichen.

SOKRATES

Ich genieße wie kein anderer diese prachtvolle Freiheit.

Die anderen sind jetzt erstarrt, wie durch einen Zauber festgehalten. Die Musikerinnen hören sich selber zu und verlieren sich nicht aus dem Aug ... Sie sind eines mit der Sache und bestehen scheinbar auf der Unübertrefflichkeit ihrer Begleitung.

PHAIDROS

Die eine, aus Rosakorallen, bläst, eigentümlich abgebogen, in eine riesige Muschel.

ERYXIMACHOS

Die sehr schlanke Flötenspielerin mit den schmalen Schenkeln, einen eng mit dem andern verflochten, streckt den feinen Fuß vor und bezeichnet mit der Zehe den Takt! ... Was meinst du, o Sokrates, von der Tänzerin?

SOKRATES

Dieses kleine Wesen gibt zu denken, Eryximachos ... Es versammelt in sich und nimmt auf sich eine hohe Würde, die in uns allen zerstreut vorkam, und die unmerklich in den Schauspielern dieser Ausschweifung wohnte ... Ein einfacher Gang, und sie wird zur Göttin; und wir beinah zu Göttern! ... Ein einfacher Gang, die einfachste Verkettung! ... Es sieht aus, als zahle sie den Raum in schönen gleichwertigen Handlungen aus, und als präge sie mit der Ferse die klingenden Münzen des Augenblicks. Sie scheint in reinen Goldstücken zu rechnen und mit ihnen das herzuzahlen, was wir zerstreut ausgegeben in dem gemeinen Kleingeld der Schritte, die wir tun auf irgendein Ziel zu.

ERYXIMACHOS

Sie lehrt uns, teurer Sokrates, was wir tun, und zeigt unseren Seelen deutlich, was unsere Körper dumpf ausführen. Im Lichte ihrer Beine erscheinen uns unsere unmittelbaren Bewegungen wie Wunder. Endlich erstaunen sie uns, wie sie uns erstaunen müßten.

PHAIDROS

In diesem Sinn also hätte diese Tänzerin nach deiner Auffassung etwas Sokratisches, indem sie uns unterwiese, uns selbst in bezug auf den Gang ein wenig besser kennenzulernen?

ERYXIMACHOS

Gewiß. Unsere Schritte sind uns so leicht und so vertraut, daß sie es niemals zur Ehre bringen, für sich selbst betrachtet zu werden als eigentümliche Handlungen (es sei denn, daß wir beschädigt oder verkrüppelt von der Entbehrung aus sie bewundern) . . . Sie führen also, so wie sie's verstehen, uns, die wir kaum ahnen, daß man sie kennen könnte; und je nach dem Boden, dem Ziel, der Stimmung und dem Zustande des Menschen, oder auch der Beleuchtung des Weges, richtet sich ihre Art: wir verlieren sie, ohne daran zu denken.

Aber betrachte dieses vollkommene Fortschreiten der Athikte auf dem fehlerlosen Boden, der frei ist, rein und kaum elastisch. Sie setzt mit Symmetrie auf diesen Spiegel ihrer Kräfte ihre abwechselnden Stützpunkte; die Ferse gießt den Körper nach der Spitze zu aus, der andre Fuß kommt vorbei und empfängt diesen Körper und gießt ihn wieder nach vorne aus, und so immer weiter fort, während der anbetungswürdige Gipfel ihres Hauptes in der ewigen Gegenwart etwas wie die Stirn einer welligen Woge abzeichnet.

So wie der Boden hier, in gewisser Weise, ein Absolutes ist, sorgfältig gereinigt von allen Ursachen einer rhythmischen Störung und Unsicherheit, so wird auch dieser monumentale Gang, der nur sich selbst zum Ziel hat und aus dem alle möglichen Unreinheiten ausgeschieden scheinen, zu einem allgemeingültigen Muster.

Sieh die Schönheit, die vollkommene Sicherheit der Seele, die aus der Spannung dieser edlen Schrittlängen hervorgeht. Die Weite dieses Schrittes ist abgestimmt nach der Schrittzahl, die ihrerseits unmittelbar aus der Musik hervorgeht. Aber Zahl und Weite sind wieder in geheimer Übereinstimmung mit der Gestalt . . .

SOKRATES

Du sprichst so gut von diesen Dingen, gelehrter Eryximachos, daß ich nicht umhin kann, so zu sehen, wie du denkst. Ich betrachte diese Frau, die schreitet, und sie gibt mir das Gefühl des Unbeweglichen. Ich bin ganz gebunden an die Gleichartigkeit dieser Maße ...

PHAIDROS

Sie bleibt stehen, mitten in ihrer meßbaren Anmut ...

ERYXIMACHOS

Ihr werdet sehen!

PHAIDROS

Sie schließt die Augen ...

SOKRATES

Sie ist ganz in ihren geschlossenen Augen und ganz allein mit ihrer Seele, im Schoße selbst der heimlichsten Wachsamkeit ... Sie fühlt in sich selbst, wie sie irgendwie zum Ereignis wird.

ERYXIMACHOS

Macht euch gefaßt auf ... Stille, Stille!

PHAIDROS

Köstlicher Augenblick ... Diese Stille ist Widerspruch ... Was soll man tun, um nicht zu schreien: Stille!

SOKRATES

Durchaus jungfräulicher Augenblick. Und zugleich Augenblick, wo etwas in der Seele brechen mag aus Erwartung, aus Versammeltsein ...Etwas brechen ... Und doch auch, als ob etwas anheilte.

ERYXIMACHOS

O Athikte! Wie bist du unerhört im Bevorstehenden!

PHAIDROS

Die Musik scheint sie leise aus einem anderen Stoff hervorzuholen, aufzuheben ...

ERYXIMACHOS

Die Musik verwandelt ihre Seele.

SOKRATES

In diesem Augenblick, der sich zu sterben anschickt, seid ihr allmächtige Meisterinnen, o Musen!

Köstliches In-Schwebe-Sein der Atemzüge und der Herzen! ... Die Schwere fällt von ihr ab; und der große Schleier, der niederfällt ohne den mindesten Lärm, gibt das zu verstehen. Man soll ihren Körper nicht sehen, außer in Bewegung.

ERYXIMACHOS

Ihre Augen sind dem Licht zurückgegeben ...

PHAIDROS

Genießen wir den sehr heiklen Augenblick, da sie einen neuen Willen in Gebrauch nimmt! ... Wie der Vogel, angekommen am Rande des Dachs, sich mit dem schönen Marmor entzweit und stürzt in seinen Flug ...

ERYXIMACHOS

Nichts liebe ich mehr, als was jetzt geschehen wird; und selbst in der Liebe kenne ich nichts, was an Wollust den ersten Anfang der Gefühle überträfe. Von allen Stunden des Tages ist die früheste meine Lieblingsstunde, daher bereitet es mir eine zärtliche Regung, aus dieser Lebendigen die geheiligte Bewegung hervorgehen zu sehen. Seht! ... Sie entsteht aus diesem gleitenden Blick, der unwiderstehlich den Kopf und die feingeflügelte Nase mit sich zieht zu der wohlerhellten Schulter ... Und das ganze schöne Geflecht ihres glatten und kräftigen Körpers, vom Nacken bis zur Ferse, drückt sich aus und ist von Windungen durchzogen; und das Ganze erschauert ... Sie umreißt langsam den Ursprung eines Sprungs ... Sie verwehrt uns zu atmen bis zum Augenblick ihres Abschnellens, in dem sie mit einem heftigen Ruck den erwarteten und den unerwarteten Ausbruch der ohrenzerreißenden Zimbeln beantwortet! ...

SOKRATES

Oh, jetzt tritt sie also endlich in die Ausnahme ein und dringt ein in das, was nicht möglich ist! ... Wie sind unsere Seelen einander ähnlich, o meine Freunde, angesichts dieses Zaubers, der für jede von ihnen gleich und heil ist! ... Wie trinken sie gemeinsam das, was schön ist!

ERYXIMACHOS

Ganz und gar wird sie Tanz und widmet sich ganz der Ganzheit der Bewegung!

PHAIDROS

Sie scheint zuerst mit diesen Schritten voll Geist von der Erde alle Ermüdung wegzuwischen, alle Dummheit ... Und nun schafft sie sich eine Wohnung ein wenig oberhalb der Dinge, und man könnte denken, daß sie sich ein Nest baue in ihren weißen Armen ... Jetzt aber, sieht es nicht aus, als webe sie mit ihren Füßen einen unbeschreiblichen Teppich von Empfindungen? ... Sie durchkreuzt die Erde mit Kette und Einschlag der Dauer ... O die entzückende Leistung, diese kostbarste Arbeit ihrer verständigen Zehen, die angreifen, die ausweichen, die binden und auflösen, die sich verfolgen und sich entziehn! ... Was sind sie geschickt und lebhaft, diese reinen Handwerker der selig verlorenen Zeit! ... Diese zwei Füße schwatzen untereinander und streiten sich wie Tauben! ... Die gleiche Stelle des Bodens machen sie sich streitig, als wäre sie ein Korn! ... Sie reißen sich zusammen hin, in die Höhe, und stoßen aneinander in der Luft, noch einmal! ... Bei den Musen, niemals haben Füße meine Lippen neidischer gemacht!

SOKRATES

So weit ist es also – deine Lippen beneiden die Beweglichkeit dieses Wunders von Füßen! Du würdest wünschen, deine Worte so geflügelt zu fühlen, und das, was du sagst, sollte mit Bildern sich schmücken, die so lebhaft wären wie ihre Sprünge!

PHAIDROS

Ich? ...

ERYXIMACHOS

Er träumte nur davon, diese fußförmigen Turteltauben abzuküssen! ... Das ist eine Wirkung dieser leidenschaftlichen Aufmerksamkeit, die er dem Schauspiel des Tanzes zuwendet. Was ist natürlicher, Sokrates, was wäre geheimnisvoller in seiner Einfalt? ... Unser Phaidros ist ganz geblendet von den glänzenden Spitzen und Schwingen, auf die die Zehenenden der Athikte mit Recht stolz sind; er verschlingt sie mit seinen Augen, er hält ihnen das Gesicht hin, er meint zu fühlen, wie die beweglichen Onyxenden seine Lippen streifen! – Entschuldige dich nicht, lieber Phaidros, fühle dich nicht im mindesten beschämt! ... Du hast nichts empfunden, was nicht berechtigt wäre und dunkel, und somit vollkommen entsprechend der Maschine der Sterblichen. Sind wir nicht eine Art Phantasie, in die man Ordnung gebracht hat? Und ist unser lebendiges System nicht ein Unzusammenhängendes, das auf seine Weise wirkt, und eine irgendwie handelnde Unordnung?[11] – Ist es nicht so, daß die Art, in der die Ereignisse, Wünsche und Ideen in uns abwechseln, ebenso notwendig erscheint wie unverständlich? ... Welcher unerfreuliche Lärm von Ursache und Wirkung! ...

PHAIDROS

Aber du hast selbst sehr gut erklärt, was ich unwillkürlich gefühlt habe ...

SOKRATES

Lieber Phaidros, deine Ergriffenheit[12] war wahrhaftig nicht grundlos. Je länger ich von mir aus die unaussprechliche Tänzerin betrachte, um so mehr unterhalte ich mich mit mir selbst über einen wunderbaren Gegenstand. Es beunruhigt mich, wieso die Natur fähig war, in diesem gebrechlichen und zarten Mädchen ein solches Ungeheuer von Kraft und bereiter Beweglichkeit unterzubringen. Herkules in eine Schwalbe verändert, gibt es diesen Mythos?[13] – Und wie ist dieser kleine Kopf, fest zusammengefaßt wie ein junger Pinienapfel, wie ist er imstande, aus sich unbeirrt diese Myriaden von Fragen und Antworten hervorzubringen, die zwischen ihren Gliedern spielen, woher nimmt er die Fähigkeit, dieses immerfort wiederholte betäubende Summen und Tasten[14], es gleichsam abweisend, von der Musik zu empfangen, um es augenblicklich an das Licht weiterzugeben?

ERYXIMACHOS

Und ich, meinerseits, ich denke an die Macht des Insekts, dessen zahllose Flügelschwingungen zugleich unaufhörlich sein Gesumme unterhalten, sein Gewicht und seinen Mut! ...

SOKRATES

Dieses hier benimmt sich im Netz unserer Blicke wie eine gefangene Fliege, aber mein neugieriger Geist läuft hinter ihr her in dem Spinnengeweb und möchte verschlingen, was sie vollbringt!

PHAIDROS

So ist dir, teurer Sokrates, jeder andere Genuß als der deiner selbst versagt?[15]

SOKRATES

O meine Freunde, was ist denn in Wahrheit der Tanz?

ERYXIMACHOS

Ist er nicht eben das, was wir vor Augen haben? – Was könnte mehr Klarheit geben über den Tanz als der Tanz selbst?

PHAIDROS

Unser Sokrates hat keine Ruh, bevor er nicht die Seele einer Sache ergriffen hat, ja womöglich, die Seele der Seele!

SOKRATES

Aber was ist denn der Tanz, und was wollen Schritte sagen?

PHAIDROS

Ach, genießen wir noch ein wenig, blindlings, diese schönen Vorgänge! ... Nach rechts und nach links, nach vorwärts und nach rückwärts, nach oben und nach unten scheint sie Geschenke auszuteilen, Düfte und Räucherungen, Küsse, ja ihr eigenes Leben selbst scheint sich zu verschwenden nach allen Punkten des Umkreises hin, und bis zu den Polen des Weltalls ...

Sie zeichnet Rosen, Schnörkel, Sterne aus Bewegung und magische Einfriedigungen ... Sie entspringt den kaum geschlossenen Kreisen, springt hinaus und hinter Phantomen her! ... Sie pflückt eine Blume, die sich augenblicklich als Lächeln herausstellt! ... Oh, wie weiß sie durch eine unerschöpfliche Leichtheit ihr Nichtsein zu erweisen! ... Sie verliert sich mitten unter den Tönen und findet sich wieder an einem Faden ... Die hilfreiche Flöte hat sie gerettet! O Melodie! ...

SOKRATES

Jetzt sieht es aus, als würde alles um sie zum Gespenst ... Sie schafft diese Gespenster, indem sie sie flieht; aber wenn sie plötzlich sich umkehrt, so scheint es uns, als erschiene sie den Unsterblichen! ...

PHAIDROS

Ist sie nicht die Seele der Sagen und die, die ausbricht aus allen Türen des Lebens?

ERYXIMACHOS

Glaubst du, daß sie sich Rechenschaft gibt darüber, und daß sie sich einbildet, andre Wunder hervorzubringen als dieses Hochschwingen des Fußes, dieses Taktschlagen und diese mühsam während der Lehrzeit erlernten Figuren?

SOKRATES

Freilich, man kann diese Dinge auch betrachten in einem nüchternen Licht ... Ein kalter Blick könnte in dieser eigentümlich Entwurzelten leicht eine Wahnsinnige sehen, die sich beständig ihrer eigenen Form entreißt, während ihre irrsinnig gewordenen Glieder sich die Erde und die Lüfte streitig machen; und dabei wirft sie den Kopf zurück und zieht ihr gelöstes Haar über den Boden; und eines ihrer Beine ist dort, wo eben noch der Kopf war; und ihr Finger zeichnet ich weiß nicht was für Striche in den Staub! Schließlich, wozu das alles? – Es genügt, daß die Seele stehenbleibt und sich verweigert, um nichts zu erfahren als das Befremdliche und Widerwärtige dieser lächerlichen Aufregung ... Du brauchst nur zu wollen, meine Seele, und alles das ist unsinnig!

ERYXIMACHOS

Du vermagst also, je nach deiner Stimmung, zu verstehen und nicht zu verstehen, etwas schön zu finden oder lächerlich, wie es dir gerade paßt!

SOKRATES

Das dürfte wohl unvermeidlich sein ...

PHAIDROS

Willst du damit sagen, teurer Sokrates, daß deine Seele den Tanz wie etwas Fremdes betrachtet, wie eine Erscheinung, deren Sprache sie verächtlich macht und deren Gehaben ihr unerklärlich scheint, wo nicht anstößig, wo nicht gar unanständig?

ERYXIMACHOS

Manchmal scheint es mir, als sei die Vernunft geradezu

die Gabe unsrer Seele, nichts von dem zu verstehen, was unseren Körper betrifft!

PHAIDROS

Bei mir aber, Sokrates, bringt die Betrachtung der Tänzerin Dinge hervor, und Beziehungen zwischen den Dingen, die sich auf der Stelle in mein eigenes Denken verwandeln und gewissermaßen an Stelle des Phaidros denken.[16] Ich finde in mir Aufschlüsse, die ich niemals der bloßen Gegenwart meiner Seele abgewonnen hätte . . .

Eben, zum Beispiel, schien Athikte mir die Liebe vorzustellen. – Welche Liebe? – Nicht die, nicht jene; nicht irgendein elendes Abenteuer! – Gewiß, sie trat nicht als eine Liebende auf . . . Kein Spiel, kein Theater! Nein, nein, keine Täuschung! . . . Warum etwas vorspielen, meine Freunde, wenn man über die Bewegung verfügt und ihr Maß, die das Wirkliche im Wirklichen[17] sind? . . . Sie war also das Wesen selbst in der Liebe! – Aber was ist es? – Woraus ist es gemacht? – Wie es beschreiben oder malen? – Wir wissen es wohl, die Seele der Liebe ist die unüberwindliche Verschiedenheit der Liebenden, während die Gleichheit ihrer Wünsche den innigen Stoff dieser Liebe bildet. Es möchte also sein, daß der Tanz durch die Feinheit seiner Züge, durch das Göttliche seines Schwunges und die glückliche Verteilung seiner Aufenthalte dieses universale Wesen[18] hervorbringt, das weder Leib hat noch Angesicht, aber Gaben, aber Tage, aber Fügungen, aber ein Leben und einen Tod; ja, das eigentlich nichts ist als Leben und Tod, denn der Wunsch, einmal da, kennt weder Schlaf noch Pause.

Daher ist niemand wie die Tänzerin imstand, es durch schöne Handlungen sichtbar zu machen. Ganz, Sokrates, ganz und gar war sie die Liebe! . . . Sie war Spiel und Weinen und alles, was umsonst zu täuschen versucht! Bezauberung, Absturz und Opfer; und Überraschungen, die Ja und die Nein, und die traurig verschwendeten Schritte . . . Sie feierte alle Mysterien der Abwesenheit und der Gegenwart; sie schien manchmal unaussprechliche Katastrophen zu streifen! ... Aber im Augenblick, Aphroditen zu Ehren, seht sie an. Ist sie nicht wie eine wirkliche Welle des Meeres?[19] – Bald schwerer, bald leichter als ihr eigener Körper springt sie ab, wie von einem Felsen zurückgeworfen; sie stürzt weich in sich zusammen ... sie ist die Welle!

ERYXIMACHOS

Phaidros will um jeden Preis, daß sie etwas darstellen soll![20]

PHAIDROS

Wie denkst du, Sokrates?

SOKRATES

Ob sie irgend etwas darstellt?

PHAIDROS

Ja. Bist du der Meinung, daß sie etwas darstellt?

SOKRATES

Nichts, teurer Phaidros. Aber alles, Eryximachos. Ebensogut die Liebe wie das Meer, und das Leben selber und die Gedanken ... Fühlt ihr denn nicht, daß sie der reine Vorgang ist der Verwandlungen?

PHAIDROS

Göttlicher Sokrates, du weißt, welches einfache und eigentümliche Vertrauen ich, seit ich dich kenne, in deine unvergleichlichen Erleuchtungen setze: ich kann dich nicht anhören, ohne dir zu glauben, noch dir glauben, ohne daß ich mir selbst zum Genuß werde durch meinen Glauben an dich. Aber daß der Tanz der Athikte nichts darstellen solle, und vor allem nicht ein Bild sei für die Hingerissenheit und Anmut der Liebe[21], das zu hören, scheint mir beinah unerträglich ...

SOKRATES

Ich habe vorderhand noch nichts so Grausames gesagt! O meine Freunde, ich tue ja nichts als euch fragen, was denn der Tanz sei; und einer wie der andere habt ihr den Anschein, es zu wissen; aber es zu wissen auf getrennte Weise! Der eine versichert mir, er sei, was er ist, und keinesfalls mehr, als was unsere Augen hier sehen; der andere hält daran fest, daß er etwas vorstelle und also nicht ganz und gar in sich selber sei, sondern hauptsächlich in uns. Was mich angeht, meine Freunde, so ist meine Ungewißheit heil! ... Meine Gedanken sind zahlreich, was niemals ein gutes Zeichen ist! ... Zahlreich, ungenau, und sie umdrängen mich alle gleicherweise ...

ERYXIMACHOS

Du beklagst dich, reich zu sein!

SOKRATES

Die Fülle macht unbeweglich. Aber mein Wunsch, Eryximachos, ist ganz Bewegung ... Ich bedürfte jetzt dieser leichten Macht, die der Biene eigen ist, wie sie das höchste Gut ist der Tänzerin ... Mein Geist müßte jene Kraft besitzen und jene in sich versammelte Beweglichkeit, durch die das Insekt in Schwebe bleibt über der Menge der Blumen, durch die es die Verschiedenheit ihrer Kelche von seinen Schwingen aus abschätzt; durch die es sich unwillkürlich dieser oder jener nähert, bis zu dieser ein wenig abseits blühenden Rose, und die ihm erlauben, sie zu streifen, sie zu fliehen oder in sie einzudringen ... Diese Kräfte entfernen es plötzlich von jener, die es zu lieben aufgehört hat, wie sie es augenblicklich zu ihr zurückführen, falls ihm in seinem übrigen Flug die Süßigkeit eines Saftes nachgeht, den stehengelassen zu haben es bereut ... Oder müßte mir, Phaidros, diese feinste Veränderlichkeit der Tänzerin zu eigen sein, so daß sie sich einschliche zwischen meine Gedanken, jeden einzelnen der Reihe nach sanft aufweckend und hinausschickend aus dem Schatten meiner Seele, damit sie in der glücklichsten aller möglichen Ordnungen im Lichte eures Geistes aufträten!

PHAIDROS

Sprich, sprich ... ich sehe die Biene auf deinen Lippen und die Tänzerin in deinem Blick!

ERYXIMACHOS

Sprich, o Meister in der göttlichen Kunst, dem Entstehen der Idee nachzugehen! ... Du, der du immer aus jedem Zufall im Bereich der Rede die wunderbarsten Folgen zu gewinnen weißt! ... Sprich! Faß den goldenen Faden ...

Hole aus deinen Abwesenheiten eine lebendige Wahrheit hervor!

PHAIDROS

Der Zufall ist auf deiner Seite ... Er verwandelt sich unmerklich in Weisheit in dem Maße, als du ihn verfolgst mit der Stimme im Labyrinth deiner Seele!

SOKRATES

Ich bin also dafür, vor allem unseren Arzt zu Rate zu ziehen!

ERYXIMACHOS

Ganz zu deiner Verfügung, teurer Sokrates.

SOKRATES

So sage mir nun, Sohn des Akumenos, o Heilkünstler Eryximachos, du, für den die sehr bitteren Mittel und die hinterlistigen Harzarten so wenig verborgene Tugenden haben, daß du sie nicht anwendest; der du, obzwar so gut wie irgendeiner im Besitze aller Geheimnisse der Kunst und der Natur, niemals Balsame, Fette, Wundsalben weder vorschreibst noch anrätst; der du dich auch auf Elixiere nicht weiter verläßest und nicht an die vertraulich empfohlenen Tränklein glaubst; o Heilkundiger ohne Latwergen, Verächter aller der Dinge – Pulver, Tropfen, Pasten, Klümpchen, Flocken, Salze und Kristalle –, die an der Zunge haften und, in die Wölbungen der Nase eindringend, das Gebiet des Niesens und der Übelkeit beeinflussen, die töten oder beleben; sage mir also, lieber Freund Eryximachos, unter allen Ärzten der Erfahrenste im Gebiete der Heilkunst, sage mir bitte: kennst du nicht unter allen diesen wirkenden und wirksamen Stoffen[22], unter allen diesen gelehrten Zubereitungen, in denen deine Wissenschaft vergebliche oder verächtliche Waffen erkennt im Arsenal der Heilmittelkunde, sage mir, kennst du nicht ein ganz besonderes Mittel oder ein völlig genaues Gegengift für dieses Übel der Übel, dieses Gift aller Gifte, für diesen Giftstoff, der der ganzen Natur Widerstand leistet? ...

PHAIDROS

Welcher Giftstoff?

SOKRATES

... Der mit Namen: *Lebensüberdruß*![23] – Ich meine, verstehe mich gut, nicht die vorübergehende Unlust, nicht die Unlust aus Müdigkeit oder den Überdruß, dessen Keim sichtbar ist, oder jenen anderen, dessen Grenzen man kennt, sondern den vollkommenen Überdruß, diesen reinen Überdruß, den Überdruß, der nicht aus einem Unfall oder einer Hinfälligkeit stammt und der sich denjenigen Bedingungen anpaßt, die, dem Augenschein nach, die glücklichsten sind, den Überdruß mit einem Wort, dessen Stoff das Leben selbst abgibt, und dessen Nebenursache in der Hellsichtigkeit des Lebenden beruht. Dieser absolute Überdruß ist an sich nichts als das bloße Leben, wenn es sich deutlich ins Auge faßt.

ERYXIMACHOS

Es ist wirklich wahr: wenn unsere Seele sich reinigt von aller Falschheit, wenn sie verzichtet auf jede betrügerische Hinzufügung zu *dem, was ist*, so erscheint unsere Existenz auf der Stelle bedroht durch diese kalte, genaue[24], vernünftige und gemessene Anschauung des menschlichen Lebens, so wie es ist.

PHAIDROS

Das Leben wird schwarz über der Berührung mit der Wahrheit, so, wie der zweifelhafte Pilz, wenn er, zerdrückt, mit der Luft in Berührung kommt.

SOKRATES

Eryximachos, ich habe dich gefragt, ob es ein Heilmittel gibt?

ERYXIMACHOS

Warum ein so sinnvolles[25] Übel heilen? Nichts ohne Zweifel, nichts ist an sich krankhafter, nichts der Natur feindlicher, als *die Dinge zu sehen, wie sie sind*. Eine kalte und vollkommene Klarheit ist ein Gift, das sich unmöglich bekämpfen läßt. Das Wirkliche, in reinem Zustande, bringt das Herz augenblicklich zum Stehen ... Ein Tropfen genügt von dieser eisigen Lymphe, um in der Seele alle Federn und Schwingungen des Begehrens zu entspannen, um allen Hoffnungen ein Ende zu machen, um allen Göttern in unserem Blut den Untergang zu bereiten. Die Tugenden und die edelsten Färbungen verblassen davon und verzehren sich nach und nach. Die Vergangenheit – ein wenig Asche, die Zukunft – ein kleiner Eiszapfen: darauf kommt alles hinaus. Die Seele erscheint sich selbst als eine leere und ermeßliche Form. – In dieser Weise schießen die Dinge an und für sich zusammen, begrenzen einander gegenseitig und bilden so die strengste und tödlichste Kette ...

O Sokrates, das Weltall hält es nicht einen Augenblick aus, nichts zu sein, als was es ist. Es ist seltsam zu denken, daß das Ganze sich selbst nicht zu genügen vermag! ... Sein Entsetzen zu sein, was es ist, hat es also genötigt, sich tausend Masken zu schaffen oder abzumalen; das ist der einzige Grund für das Dasein der Sterblichen. Wozu sind die Sterblichen da? – Ihre Sache ist, zu *erkennen.* Erkennen? Was heißt erkennen? – *Ganz sicher, nicht sein, was man ist.* – Und so führen die Menschen in einem Rausch des Denkens in die Natur das Prinzip ihrer grenzenlosen Irrtümer ein und diese Myriade von Wundern! ...

Die Mißverständnisse, die Scheinbarkeiten, die Spiele der Strahlenbrechung des Geistes vertiefen und beleben den erbärmlichen Teig der Welt ... Die Idee mischt in das, was ist, die Hefe dessen, was nicht ist ... Aber zuweilen gibt sich die Wahrheit zu erkennen und fällt heraus aus dem harmonischen Zusammenhang der Phantastereien und der Irrtümer ... Alles droht auf der Stelle zugrund zu gehen, und Sokrates in Person kommt mich um ein Heilmittel bitten für diesen verzweifelten Fall von Hellsichtigkeit und Überdruß! ...

SOKRATES

Gut, Eryximachos, da es kein Mittel gibt, kannst du mir wenigstens sagen, welcher Zustand das Gegenteil wäre von diesem Zustande des reinen Ekels, der mörderischen Helligkeit, der unerbittlichen Klarheit?

ERYXIMACHOS

Ich sehe zunächst alle Räusche, die nicht melancholischer Art sind.

SOKRATES Und dann?

ERYXIMACHOS

Die Trunkenheit und die Reihe der Einbildungen, die aus Dünsten stammen, die zu Kopf steigen.

SOKRATES

Ja. Aber gibt es nicht andre Trunkenheiten, die ihren Ursprung nicht im Wein haben?

ERYXIMACHOS

Gewiß. Die Liebe, der Haß, die Habgier berauschen! ... Das Machtgefühl ...

SOKRATES

Alles das verleiht dem Leben Geschmack und Farbe. Aber die Fügung, zu hassen, zu lieben oder sehr große Güter zu erwerben, ist gebunden an alle Zufälle des Wirklichen ... Siehst du denn nicht, Eryximachos, wie unter allen Trunkenheiten die edelste, die dem großen Überdruß feindseligste die Trunkenheit des Handelns ist? Unsre Handlungen, und auf eigentümliche Weise diejenigen unsrer Handlungen, die den Körper in Bewegung setzen, vermögen uns in einen seltsamen und wunderbaren Zustand hinzureißen ... Dieser Zustand ist am entferntesten von der traurigen Verfassung, in der wir eben den reglosen und hellen Beobachter, den wir uns vorstellten[26], zurückgelassen haben.

PHAIDROS

Aber wenn durch irgendein Wunder die Leidenschaft für den Tanz sich seiner bemächtigte? ... Wenn er aufhören wollte, klar zu sein, um leicht zu werden; und wenn er im Versuche, von sich selber unendlich abzuweichen, Wert darauf legte, die Freiheit des Urteils zu vertauschen mit der Freiheit der Bewegung?

SOKRATES

Dann würde er uns mit einem Griff beibringen, was wir eben aufzuklären versuchen ... Aber ich muß Eryximachos noch etwas fragen.

ERYXIMACHOS

Alles, was du willst, teurer Sokrates.

SOKRATES

So sage mir, weiser Arzt, der du in deinen Forschungen und Studien die Wissenschaft aller lebendigen Dinge erschöpft hast; gewaltiger Kenner, der du bist der Gestalten und Launen in der Natur, du, der sich hervorgetan hat in der Einordnung der beobachtenswerten Tiere und Pflanzen (der schädlichen und der wohltätigen, der harmlosen und der wirksamen, der überraschenden, der abscheulichen, der lächerlichen, der unentschiedenen und schließlich derer, die es nicht gibt) – sage mir, hast du nie sprechen hören von jenen seltsamen Tieren, die mitten in der Flamme leben und gedeihen?

ERYXIMACHOS

Gewiß! ... Ihre Gestalt und ihre Gewohnheiten, teurer Sokrates, sind sehr wohl untersucht worden, obwohl ihr Dasein selbst neuerdings einigermaßen angezweifelt worden ist. Ich habe sie oft meinen Schülern beschrieben; allerdings habe ich nie Gelegenheit gehabt, sie mit eigenen Augen zu beobachten.[27]

SOKRATES

Hast du nicht den Eindruck, Eryximachos, und auch du, mein lieber Phaidros, daß das Geschöpf, das dorten ausschwingt und sich anbetenswürdig in unseren Blicken bewegt, daß diese glühende Athikte, die sich verteilt und wieder zusammennimmt, die sich aufhebt und einsinkt in sich selbst, die sich mit solcher Geschwindigkeit öffnet und schließt, und die anderen Raumbeziehungen anzugehören scheint als den unsrigen, den Anschein erweckt, als fühle sie sich wohl und lebe ganz und gar in einem dem Feuer vergleichbaren Element – in einer sehr besonderen Durchdringung von Bewegung und Musik, darin sie eine unerschöpfliche Kraft einatmet, während sie selbst mit ihrem ganzen Wesen den reinen und unmittelbaren Andrang der äußersten Seligkeit genießt? – Wenn es uns einfiele, unsere gewichtige und ernsthafte Lage mit dem Zustand dieses funkelnden Salamanders zu vergleichen, würde sich dann nicht herausstellen, daß unsere gewöhnlichen Handlungen, wie sie nach und nach aus unseren

Bedürfnissen hervorgehen, daß unsere Gebärden und unsere gelegentlichen Bewegungen wie ein grober Rohstoff seien, wie eine aus Unreinem gemachte Dauer – während diese Entzückung und Schwingung des Lebens, während diese unübertreffliche Spannung, dieses Hingerissensein in die höchste Beweglichkeit, deren man fähig ist, die Eigenschaften und Kräfte der Flamme besitzt; und daß alles, was Schande ist, Überdruß, Nichtigkeit und der ganze eintönige Unterhalt des Daseins sich darin aufzehrt, so daß in unseren Augen der Glanz des Göttlichen sich spiegelt, das in einer Sterblichen Platz hat?

PHAIDROS

Bewundernswürdiger Sokrates, schnell, sieh, bis zu welchem Grade du recht hast! ... Sieh die Bebende! Als ob der Tanz wie eine Flamme aus ihr schlüge!

SOKRATES

O Flamme! ...
– Dieses Mädchen ist vielleicht die Dummheit selbst? ...
O Flamme! ...
– Wer weiß, aus was für abergläubischen Narrheiten und Possen ihre tägliche Seele besteht?
O Flamme immerhin! ... Wacher und göttlicher Gegenstand! ...

Aber was ist eine Flamme, o meine Freunde, wenn nicht *der Augenblick selbst*? – Das Tolle, das Ausgelassene, das Furchtbare, das der Augenblick enthält! ... Wenn dieser Augenblick zwischen der Erde und dem Himmel zu handeln beginnt, so ist das Flamme. Alles, o meine Freunde, was aus dem Zustand der Schwere in den Zustand der Schwebe übergeht, muß durch diesen Augenblick aus Feuer und Licht ...

Und Flamme, ist sie nicht auch die unfaßliche und stolze Gestalt der edelsten Zerstörung? – Das, was nie wieder geschehen wird, geschieht prunkvoll vor unseren Augen! – Das, was nie wieder geschehen wird, muß notwendig mit dem größten Prunk geschehen, der sich denken läßt! – Wie die Stimme blindlings singt, wie die Flamme singt, ganz außer sich zwischen Stoff und Äther, und vom Stoff zum Äther grollend und wütend sich hinüberstürzt – ist der große Tanz, o meine Freunde, nicht eigentlich die Befreiung unseres Körpers, der ganz besessen ist vom Geist der Lüge und von der Musik, die Lüge ist, und der sich trunken fühlt in der Verneinung der nichtigen Wirklichkeit? – Seht mir diesen Körper, der aus sich springt wie eine Folge sich gegenseitig verdrängender Flammen, seht, wie er niederstampft und mit Füßen tritt, was wahr ist! Wie er die Stelle selbst, auf der er steht, in freudiger Wut vernichtet, wie er sich berauscht an der Übertreibung seiner Verwandlungen!

Wie er gegen den Geist kämpft! Seht ihr nicht, wie er mit der Seele wetteifern will an Schnelligkeit und Wechsel? – Er ist eigentümlich eifersüchtig auf diese Freiheit, auf diese Allgegenwärtigkeit, die der Geist zu besitzen scheint! ...

Ohne Zweifel, der einzige und ständige Gegenstand der Seele ist das, was nicht ist[28]: das, was war und nicht mehr ist; – das, was sein wird und noch nicht ist; – das Mögliche, das Unmögliche – das alles ist Sache der Seele, aber niemals, *niemals* das, was ist!

Und der Körper, der das ist, was ist, auf einmal kann er sich nicht mehr halten im Raum! – Wohin sich werfen? – Was werden? – Dieses *Eine* versucht das Spiel, *Alles* zu sein. Er will es spielend der allumfassenden[29] Seele gleichtun! Er sucht eine Abhilfe gegen sein Sich-selbst-gleich-Sein durch die Zahl seiner Akte! Das Ding, der er ist, bricht auf in Ereignisse! – Er gerät außer sich! – Und wie der erregte Gedanke an alle Dinge rührt, zittert zwischen Zeit und Augenblick und alle Unterschiede überspringt; und wie in unserem Geist sich symmetrisch die Vermutungen ausbilden, wie die verschiedenen Grade des Möglichen sich in Reihen aufstellen und gezählt werden – so beutet dieser Körper sich aus in allen seinen Teilen, findet neue Zusammenstellungen mit sich selbst, gibt sich Gestalt um Gestalt und geht unaufhörlich aus sich hinaus! ... Nun hat er endlich den Zustand erreicht, da er der Flamme vergleichbar wird, mitten in einem Wechsel, der ganz Handlung ist ... Unmöglich, noch von »Bewegung« zu sprechen ... Die Glieder sind nicht mehr von den Akten zu unterscheiden ...

Diese Frau, die da war, ist verschlungen von unzähligen Gestalten ... Dieser Körper in den Ausbrüchen seiner Kraft bringt mir einen äußersten Gedanken in Vorschlag: ähnlich wie wir von unserer Seele Dinge verlangen, für die sie nicht gemacht ist, wie wir von ihr fordern, daß sie uns erleuchte, daß sie wahrsage, daß sie die Zukunft errate, ja, sie sogar beschwören, Gott zu entdekken – so macht dieser Körper da Anspruch auf eine vollkommene Besitzergreifung seiner selbst, auf einen Grad von Ruhm, der über das Natürliche hinausgeht ... Aber es verhält sich mit ihm wie mit der Seele, für die Gott, die Weisheit und die Tiefe, die man von ihr verlangt, nichts als Augenblicke sind und sein können, Blitze, Bruchstücke einer fremden Zeit, verzweifelte Sprünge aus den Grenzen ihrer Gestalt[30] ...

PHAIDROS

Sieh doch, sieh! ... Dort tanzt sie und schenkt den Augen, was du hier zu sagen versuchst ... Sie macht den Augenblick sichtbar ... Und durch was für Edelsteine geht sie hindurch! ... sie wirft ihre Gebärden aus wie Glanz um Glanz! ... Sie entwendet der Natur unmögliche Haltungen vor den eigenen Augen der Zeit! ... Und die Zeit läßt sich täuschen ... Ungestraft schreitet sie durch das Widersinnige[31] ... Sie ist göttlich im Unbeständigen[32] und bringt es unseren Augen zum Geschenk! ...

ERYXIMACHOS

Der Augenblick gebiert die Form, und die Form macht den Augenblick sichtbar.

PHAIDROS

Sie flieht vor ihrem Schatten in die Lüfte!

SOKRATES

Wir sehen sie immer nur wie im Sturz.

ERYXIMACHOS

Sie hat aus ihrem Körper etwas gemacht, was so gelöst ist und so gebunden wie eine geschickte Hand ... Meine

Hand allein kann dieses Sich-Besitzen und diese Leichtigkeit ihres ganzen Körpers nachahmen ...

SOKRATES

O meine Freunde, fühlt ihr euch nicht ruckweis geschüttelt vom Rausch und wie durch wiederholte, immer stärkere Stöße den übrigen Genossen ähnlich werden, die es kaum auf ihren Plätzen aushalten und nicht mehr fähig sind, ihre Dämonen in Stille und Versteck zu halten? Ich selbst, ich fühle mich von außerordentlichen Kräften ergriffen ... oder vielmehr, ich fühle sie aus mir ausbrechen, aus mir, der ich nicht wußte, daß ich sie besitze. In einer Welt, die ganz Ton ist, Widerhall und Absprung, bietet dieses eindringliche Fest des Körpers unseren Seelen ein Schauspiel von Licht und Freude ... Alles ist feierlicher, alles ist leichter, lebhafter und stärker; alles ist möglich auf eine andere Weise; alles kann, ohne Ende, wieder anfangen ... Nichts widersteht dieser Abwechslung des Betonten und Unbetonten ... Schlagt zu, schlagt zu! ... Der Stoff, geklopft, geschlagen, gestoßen im Takt; Schlag um Schlag wider die Erde; die Felle und Saiten wohl gespannt und geschlagen; Handflächen und Fersen schlagen und klopfen die Zeit, schmieden Freude und Übermut; und alle Dinge herrschen in einem schön geordneten Wahnsinn. – Aber die wachsende und aufspringende Freude droht alle Maße zu überfluten, erschüttert wie ein Sturmbock die Mauern, die zwischen den Wesen sind. Männer und Frauen, im Takt, reißen den Gesang mit sich fort in den Tumult. Alle schlagen und singen zugleich, und etwas nimmt zu und überhand ... Ich höre das Getös aller der glänzenden Waffen des Lebens! ... Die Zimbeln zerdrücken an unseren Ohren jede Stimme der heimlichen Gedanken. Sie sind lärmend wie Küsse von ehernen Lippen ...

ERYXIMACHOS

Indessen zeigt Athikte eine letzte Figur. Ihr ganzer Körper verschiebt sich, aufruhend auf der Kraft der großen Zehe.

PHAIDROS

Diese Zehe, die sie ganz allein trägt, bearbeitet das Trommelfell des Bodens wie der Daumen die Trommel. Welche Aufmerksamkeit ist in dieser Zehe, welcher Wille strammt sie und hält sie auf ihrer Spitze! ... Aber jetzt dreht sie um sich selbst ...

SOKRATES

Ja, sie dreht um sich selbst – und die von ewig her verbundenen Dinge beginnen sich zu trennen. Sie dreht und dreht ...

ERYXIMACHOS

Das heißt wirklich vordringen in eine andere Welt ...

SOKRATES

Darüber hinaus bleibt nichts zu versuchen ... Sie dreht, und alles Sichtbare fällt ab von ihrer Seele, der Schlamm ihrer Seele scheidet sich endlich vom Reinsten; Menschen und Dinge sind im Begriff, um sie herum im Kreis einen formlosen Niederschlag zu bilden ...

Seht ihr ... Sie dreht ... Ein Körper durch seine bloße Kraft, durch seine Handlung ist mächtig genug, das Wesen der Dinge gründlicher zu verändern, als es jemals dem Geist in seinen Untersuchungen und Träumen gelingt!

PHAIDROS

Es sieht aus, als könne das ewig dauern.

SOKRATES

Sie könnte sterben in diesem Zustand ...

ERYXIMACHOS

Schlafen, vielleicht, einschlafen in einen magischen Schlaf ...

SOKRATES

Unbeweglich würde sie ruhn in der Mitte ihrer Bewegung. Ganz für sich, ganz für sich, gleich der Weltachse ...

PHAIDROS

Sie dreht, sie dreht ... Sie fällt!

SOKRATES

Sie ist gefallen!

PHAIDROS

Sie ist tot . . .

SOKRATES

Sie hat ihre Hilfskräfte erschöpft und den heimlichsten Schatz in ihrem Gewebe!

PHAIDROS

Götter! sie kann sterben . . . Eryximachos, schnell! . . .

ERYXIMACHOS

Ich pflege mich nicht zu eilen unter dergleichen Umständen! Wenn die Dinge sich einrichten sollen, so schickt es sich, daß der Arzt sie nicht störe, sondern eben eintreffe einen winzig kleinen Moment vor der Wiederherstellung, im gleichen Schritt mit den Göttern.

SOKRATES

Man sollte immerhin zusehen.

PHAIDROS

Wie weiß sie ist!

ERYXIMACHOS

Lassen wir die Ruhe wirken, die sie heilen soll von der Bewegung.

PHAIDROS

Du glaubst, sie ist nicht tot?

ERYXIMACHOS

Sieh diese kleine Brust, die nichts verlangt, als zu leben. Sieh, wie sie leicht zittert und hängt an der Zeit . . .

PHAIDROS

Ich seh es nur zu sehr.

ERYXIMACHOS

Der Vogel schlägt ein wenig mit dem Flügel, bevor er wieder auffliegt.

SOKRATES

Sie scheint ziemlich glücklich.

PHAIDROS

Was hat sie gesagt?

SOKRATES

Etwas für sich allein.

ERYXIMACHOS

Sie hat gesagt: »Wie wohl mir ist!«

PHAIDROS

Der kleine Haufen von Gliedern und Tüchern rührt sich ...

ERYXIMACHOS

Nun, Kleine, mein Kind, machen wir mal die Augen auf. Wie fühlst du dich jetzt?

ATHIKTE

Ich fühle nichts. Ich bin nicht tot. Und doch, ich bin nicht lebendig!

SOKRATES

Von wo kommst du zurück?

ATHIKTE

Zuflucht, Zuflucht, o meine Zuflucht, o Wirbel! – Ich war in dir, o Bewegung, draußen, außerhalb aller Dinge ...

EUPALINOS
ODER DER ARCHITEKT

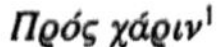

Πρός χάριν[1]

PHAIDROS

Was machst du da, Sokrates? Ich suche dich seit langem. Ich durchstrich unseren bleichen Aufenthaltsort und habe überall nach dir gefragt. Jedermann kennt dich hier, aber niemand hatte dich gesehen. Warum hast du dich entfernt von den übrigen Schatten, und welcher Gedanke hatte deine Seele zusammengefaßt, abseits von unseren, an den Grenzen dieses durchscheinenden Reiches?

SOKRATES

Warte. Ich kann nicht antworten. Du weißt wohl, daß die Überlegung bei den Toten im ganzen vor sich geht. Wir sind jetzt zu sehr vereinfacht, um nicht die Bewegung irgendeiner Idee gleich bis ans Ende mitzumachen. Die Lebendigen haben einen Körper, der ihnen erlaubt, aus dem Wissen herauszutreten und dorthin zurückzukehren. Sie bestehen aus einem Haus und einer Biene.

PHAIDROS

Herrlicher Sokrates, ich bin still.

SOKRATES

Ich danke dir für dein Schweigen. Indem du's hältst, hast du den Göttern und meinem Gedanken das härteste Opfer gebracht. Du hast deine Neugierde in dir aufgebraucht und deine Ungeduld meiner Seele geopfert. Sprich jetzt frei, wenn irgendein Wunsch, mich zu fragen, in dir bleibt; ich bin bereit zu antworten, denn ich bin fertig, mich zu befragen und mir selbst zu antworten. – Aber es ist selten, daß eine Frage, die man unterdrückt hat, nicht im Augenblick sich selbst aufzehrt.

PHAIDROS

Warum also dieses Exil? Was machst du, von uns anderen abgetrennt? Alkibiades, Zenon, Menexenos, Lysis[2], alle

Freunde sind erstaunt, dich nicht zu sehen. Sie reden ohne Ziel, und ihre Schatten summen.

SOKRATES

Sieh und höre.

PHAIDROS

Ich höre nichts, und ich sehe nichts Besonderes.

SOKRATES

Vielleicht bist du noch nicht genug tot. Das ist hier die Grenze unseres Gebiets. Vor dir strömt ein Fluß.

PHAIDROS

Armer Ilissos.[3]

SOKRATES

Dieser da ist der Fluß der Zeit. Er wirft nur die Seelen auf dieses Ufer; alles übrige nimmt er mühelos mit.

PHAIDROS

Ich beginne etwas zu sehen, aber ich unterscheide nichts. Alles das, was treibt und vorbeigleitet, meine Blicke verfolgen es einen Augenblick und verlieren es, ohne es unterschieden zu haben ... Wenn ich nicht tot wäre, würde mir diese Bewegung Übelkeit verursachen, so traurig ist sie und so unwiderstehlich. Oder ich wäre gezwungen, sie nachzuahmen in der Art der menschlichen Körper: ich würde einschlafen und so mittreiben.

SOKRATES

Dieses große Getriebe besteht allerdings aus allen Dingen, die du gekannt hast oder die du hättest kennen können. Diese ungeheure und bewegliche Oberfläche, die ohne Aufenthalt dahinstürzt, rollt alle Farben, die es gibt, in das Nichts. Sieh, wie sie farblos ist im ganzen.

PHAIDROS

Ich meine jeden Augenblick, daß ich irgendeine Form erkennen würde, aber das, was ich glaubte zu sehen, erweckt niemals die mindeste Ähnlichkeit in meinem Geist.

SOKRATES

Das kommt davon, weil du da wirklich dem Ablauf aller Wesen beiwohnst, du, der du unbeweglich bist im Tod.

Wir sehen von diesem so reinen Ufer aus alle menschlichen Dinge und die natürlichen Gestalten bewegt nach der wirklichen Geschwindigkeit ihres Wesens. Wir sind wie der Träumer, in dessen Innern Figuren und Gedanken auf wunderliche Art abwechseln in ihrer Flucht und die Dinge und ihre Veränderungen sich untereinander einrichten. Hier ist alles nebensächlich, und doch zählt alles. Die Verbrechen bringen ungeheure Wohltaten hervor, und die größten Tugenden entwickeln verhängnisvolle Folgen: das Urteil hält sich nirgends auf, die Idee wird Erscheinung unter dem Blick, und jeder Mensch zieht hinter sich her eine Verkettung von Ungeheuern, die sich unauflösbar gebildet hat aus seinen Handlungen und aus den Gestaltungen seines Körpers, von denen eine in die andere überging. Ich denke an die Gegenwart und an die Gewohnheiten der Sterblichen in diesem flüssigen Verlauf; ich war einer von ihnen und suchte alle Dinge so zu sehen, genauso wie ich sie jetzt sehe. Ich verlegte die Weisheit in die ewige Lage, in der wir uns befinden. Aber von hier aus ist alles verkennbar. Die Wahrheit ist vor uns, und wir verstehen nichts mehr.

PHAIDROS

Aber wovon kommt denn, Sokrates, dieser Geschmack am Ewigen, den man manchmal bei den Lebendigen gewahrt? Du verfolgtest das Wissen. Die Allergröbsten versuchen verzweifelt, alles zu bewahren bis auf die Leichen der Toten. Andere bauen Tempel und Grabmäler und strengen sich an, sie unzerstörbar zu machen. Die Weisesten unter den Menschen und die der Eingebung Offensten versuchen es, ihren Gedanken einen Einklang und eine Kadenz zu geben, durch die sie sicher wären vor Abänderung und Vergessen.

SOKRATES

Wahnsinn, Phaidros! Du siehst es deutlich. Aber das Geschick hat es so bestimmt, daß unter den Dingen, die unentbehrlich scheinen für das Geschlecht der Menschen, einige unsinnige Wünsche vorkommen. Es würde keinen Menschen geben ohne die Liebe; noch würde die Wissenschaft bestehen ohne absurde Ambition. Und woher, meinst du, haben wir die erste Idee und die Kraft zu diesen ungeheuren Anstrengungen, die so viele berühmte Städte aufgerichtet haben und so viele überflüssige Denkmäler, die der Verstand bewundert, der unfähig gewesen wäre, sie zu erfinden?

PHAIDROS

Immerhin, der Verstand hat einigen Anteil daran gehabt. Ohne ihn wäre alles umsonst.

SOKRATES

Alles.

PHAIDROS

Erinnerst du dich der Bauten, die wir am Piräus entstehen sahen?

SOKRATES

Ja.

PHAIDROS

Dieser Werkzeuge, dieser Anstrengungen und dieser Flöten, die sie zähmten durch ihre Musik, dieser so genauen Arbeiten, dieser Fortschritte, die zugleich so geheimnisvoll und so klar waren? Welche Verwirrung zuerst, die sich in Ordnung aufzulösen schien! Welche Festigkeit, welche Strenge entstand zwischen diesen Loten an den schwachen Seilen entlang, die ausgespannt waren, um gestreift zu werden von dem Wachstum der Ziegelwände.

SOKRATES

Ich bewahre diese schöne Erinnerung. O Baustoffe, schöne Steine! ... Was sind wir zu leicht geworden im Vergleich mit ihnen!

PHAIDROS

Und des Tempels vor den Mauern bei dem Altar des Boreas? Erinnerst du dich seiner?

SOKRATES

Desjenigen der Artemis, der Jägerin?

PHAIDROS

Eben dieser. Eines Tages waren wir dort; wir unterhielten uns über die Schönheit.[4]

SOKRATES

Ach!

PHAIDROS

Ich war befreundet mit dem, der diesen Tempel gebaut hat. Er war aus Megara und hieß Eupalinos. Er sprach mir gerne von seiner Kunst, von aller Sorgfalt und aller Kenntnis, die dazu gehört. Er machte mir alles verständlich, was ich mit ihm in den Bauhütten sah. Vor allem sah ich seinen erstaunlichen Geist. Ich fand in ihm etwas von der Kraft des Orpheus.[5] Er sagte diesen unförmigen Haufen von Steinen und Balken, die um uns herum lagen, ihre gestaltete Zukunft voraus; und diese Stoffe schienen beim Klang seiner Stimme jenem einzigen Platze vorbestimmt zu sein, für den die der Göttin günstigen Geschicke sie bezeichnet hatten. Wahre Wunder waren seine Ansprachen an die Werkleute. In ihnen blieb keine Spur von den schwierigen Erwägungen der Nacht. Er gab ihnen nur Befehle und Zahlen.

SOKRATES

Das ist die Art Gottes selbst.

PHAIDROS

Seine Reden und ihre Handlungen paßten so glücklich aneinander, daß man hätte denken können, diese Menschen seien seine eignen Glieder. Du würdest nicht glauben, Sokrates, welche Freude es für mich war, eine so wohlgeordnete Sache kennenzulernen. Ich kann die Idee eines Tempels nicht mehr trennen von der seiner Aufrichtung. Wenn ich einen sehe, sehe ich eine wunderbare Handlung, ruhmreicher noch als ein Sieg und im noch größeren Gegensatz zu der armseligen Natur. Zerstören und Aufrichten sind gleich an Wichtigkeit. Es braucht Seelen für das eine wie für das andere, aber das Bauen ist meinem Geiste teurer. O sehr glücklicher Eupalinos!

SOKRATES

Was für eine Begeisterung eines Schattens für ein Gespenst! – ich habe diesen Eupalinos nicht gekannt. Das war also ein großer Mann? Ich sehe, er erhob sich bis zur äußersten Kenntnis seiner Kunst. Ist er hier?

PHAIDROS

Er ist ohne Zweifel unter uns; aber ich bin ihm noch nie begegnet in diesem Land.

SOKRATES

Ich weiß auch nicht, was er hier bauen könnte. Sogar die Entwürfe sind hier Erinnerungen. Aber so beschränkt wie wir sind auf die bloßen Annehmlichkeiten des Gesprächs, wäre es mir lieb, ihn zu hören.

PHAIDROS

Ich habe einige von seinen Vorschriften behalten. Ich weiß nicht, ob sie dir gefallen würden. Was mich angeht, so bin ich entzückt von ihnen.

SOKRATES

Kannst du mir einige wiederholen?

PHAIDROS

Höre also. Er sagte oft: *Es gibt keine Einzelheiten in der Ausführung.*[6]

SOKRATES

Ich verstehe und ich verstehe nicht. Ich verstehe etwas, aber ich bin nicht sicher, ob es das ist, was er sagen wollte.

PHAIDROS

Dein feiner Geist hat gewiß nicht verfehlt, das Richtige aufzufassen. In einer Seele, so klar und so vollständig wie deine, mag es geschehen, daß die Regel eines Ausführenden eine Kraft und eine Ausdehnung annimmt, die völlig neu sind. Wenn sie wirklich scharf ist und der Arbeit unmittelbar abgewonnen durch einen kurzen Griff des Geistes, der seine Erfahrung zusammenfaßt, ohne sich Zeit zu lassen auszuschweifen, ist sie für den Philosophen ein kostbarer Stoff. Sie ist ein Stück rohen Golds, das ich dir überlasse, Goldschmied!

SOKRATES

Ich war der Goldschmied meiner Ketten! – Aber betrachten wir diese Vorschrift. Die Ewigkeit hier lädt uns ein, mit Worten nicht allzu sparsam zu sein. Diese unendliche Dauer sollte entweder nicht sein oder alle die möglichen Gespräche enthalten, die wahren und die falschen. Ich kann demnach sprechen ohne Furcht, mich zu täuschen;

denn wenn ich mich jetzt täusche, werde ich im nächsten Augenblick die Wahrheit sagen, oder wenn ich die Wahrheit sage, etwas später auf das Falsche kommen.

Du wirst sicher bemerkt haben, Phaidros, wie in den wichtigsten Reden, mag es sich nun um Politik handeln oder um die persönlichen Interessen des Bürgers, oder sogar in den zarten Worten, die man zu einem Geliebten spricht in den entscheidenden Augenblicken – sicher hast du bemerkt, welches Gewicht und welche Tragweite die geringsten kleinen Worte annehmen, ja sogar die mindesten Pausen, die sich dazwischenschieben. Und ich, der ich soviel geredet habe im unersättlichen Wunsch zu überzeugen, ich habe mich selbst auf die Länge überzeugt, daß die gewichtigsten Gründe und die am klarsten geführten Entwicklungen wenig Wirkung hervorbringen ohne den Beistand dieser scheinbar unbedeutenden Einzelheiten und daß dagegen mittelmäßige Gründe, entsprechend aufgehängt an Worten voller Takt oder vergoldet wie Kronen, die Ohren für lange hinaus verführen können. Diese Zwischenhändlerinnen halten sich an den Türen des Geistes, sie wiederholen ihm, was ihnen gefällt, sie sprechen es ihm mit Vergnügen wieder vor, so daß er schließlich glaubt, seine eigene Stimme zu hören. Das eigentlich Wirkliche einer Rede ist schließlich dieser Singsang; diese Färbung einer Stimme, die wir mit Unrecht für Einzelheiten und Zufälle halten.

PHAIDROS

Du nimmst einen ungeheuren Umweg, lieber Sokrates. Aber ich sehe dich von so weit zurückkommen mit tausend anderen Beispielen und unter Entfaltung aller Kräfte deiner Rede!

SOKRATES

Betrachte auch die Medizin. Der geschickteste Operateur der Welt kann seine geübten Finger an deine Wunde legen, und mögen seine Hände noch so leicht, so weise, so hellsehend sein wie immer; mag seine Sicherheit, was die Lage der Organe und der Venen angeht und ihre Beziehungen und ihre Tiefe, noch so groß sein; wie groß dann auch die Gewißheit der Handlungen sei, die er an deinem Fleische auszuführen gedenkt, um etwas zu beschneiden oder etwas zu vereinen – wenn dann durch irgendeinen Umstand, mit dem er sich nicht abgegeben hat, ein Faden, eine Nadel, die er benutzt, irgend etwas, was er während der Operation gebraucht, nicht durchaus rein ist, nicht hinreichend gereinigt, tötet er dich. Du bist tot ...

PHAIDROS

Glücklicherweise ist die Sache schon getan; und es ist genau die, die mir widerfahren ist.

SOKRATES

Du bist tot, sage ich. Du bist tot und geheilt nach allen Regeln; denn alle Forderungen der Kunst und der Nützlichkeit waren erfüllt worden. Der Gedanke kann sein Werk mit Liebe betrachten, aber du bist tot. Ein klein winziges Fädchen Seide, schlecht vorbereitet, hat die ganze Wissenschaft zum Mörder gemacht. Diese winzige Einzelheit hat das Werk Äskulaps und der Athene scheitern lassen.[7]

PHAIDROS

Eupalinos wußte das wohl.

SOKRATES

Es ist so in allen Gebieten mit Ausnahme der Philosophen, die das große Unglück haben, daß sie niemals die Welten, die sie erfinden, zusammenbrechen sehen, aus dem einfachen Grunde, weil sie nicht bestehen.[8]

PHAIDROS

Eupalinos war der Mann seiner Vorschrift. Er vernachlässigte nichts. Er schrieb vor, die Bretter in Richtung der Holzfaser zu schneiden, damit sie, eingelegt zwischen das Mauerwerk und die Balken, die sich darauf stützen, verhindern, daß die Feuchtigkeit in diesen Fibern aufsteige und, einmal aufgenommen, sie zum Faulen bringe. Er wandte eine ähnliche Aufmerksamkeit an alle empfindlichen Punkte des Bauwerks. Man hätte denken können, es handle sich um seinen eigenen Körper. Während der Arbeit am Bau verließ er nicht den Werkplatz. Ich glaube, er kannte jeden Stein. Er überwachte die Genauigkeit ihrer Behauung; er studierte auf das eingehendste alle Mittel, die man erfunden hatte, daß die Kanten sich nicht überschneiden und daß die Sauberkeit der Fugen nicht leide. Er befahl, im Marmor der Außenwände ziselierte und getriebene Arbeiten auszuführen und die Schrägkanten der Gesimse vorzusehen. Er verwendete die größte Sorgfalt auf den Mörtel, mit dem er die Wände aus Rohstein zudeckte.

Aber alle diese Feinheiten, bestimmt, die Dauer des Bauwerks zu sichern, waren eine Kleinigkeit im Verhältnis zu denen, die er gebrauchte, wenn es sich darum handelte, die Erregungen und Schwingungen vorzubereiten, die in der Seele des künftigen Betrachters seines Werks entstehen sollten.

Er bereitete dem Licht ein unvergleichliches Instrument vor, das es – völlig erfüllt von der verständlichen Form und versehen mit beinah musikalischen Eigenschaften – verbreitete in den Raum, in dem die Sterblichen sich bewegen. Ähnlich jenen Rednern und jenen Dichtern, an die du eben gedacht hast, Sokrates, kannte er die geheimnisvolle Kraft der geringsten Abwandlung. Vor einer mit so viel Gefühl aufgelockerten Masse, die dem Anschein nach so einfach war, wurde keiner gewahr, wie er zu einer Art Glück geführt wurde durch fast unmerkliche Biegungen, durch Wendungen, die kaum merklich waren und zugleich allmächtig; und durch jene tiefe Verbindung des Regelmäßigen mit dem Unregelmäßigen, die er in sein Werk eingeführt und darin verborgen hatte und die ebenso mächtig war wie unbeschreiblich. Sie machten, daß der bewegliche Zuschauer, gelehrig für ihre unsichtbare Gegenwart, von Vision zu Vision fortschritt, von den großen Stillheiten zu den Murmeln des Vergnügens, in demselben Maße, in dem er sich näherte oder zurücktrat oder noch näher herankam, und so lange er sich rührte in dem Umkreis des Werks, von ihm bewegt als Spielzeug seiner eigenen Bewunderung. *Ich will*, sagte dieser Mann aus Megara, *daß mein Tempel die Menschen bewege, wie der geliebte Gegenstand sie bewegt.*

SOKRATES

Das ist göttlich. Ich habe, lieber Phaidros, ein Wort gehört, ganz ähnlich und ganz das Gegenteil. Einer unserer Freunde, es hat keinen Sinn, ihn zu nennen, sagte von unserem Alkibiades, dessen Körper so wohlgestaltet war: *Wenn man ihn sieht, meint man, Architekt zu werden!* ... Was beklage ich dich, lieber Phaidros. Du bist noch viel unglücklicher als ich selbst. Ich liebte nur das Wahre, ich habe mein Leben daran gewendet, und in diesen elysäischen Feldern, obgleich ich noch nicht weiß, ob ich nicht einen recht schlechten Tausch gemacht habe, kann ich mir immer noch einbilden, daß mir etwas zu erkennen bleibt. Ich suche gern unter den Schatten den Schatten irgendeiner Wahrheit. Du aber, für den die Schönheit allein alle Wünsche bestimmt hat und alle Handlungen, dir ist hier freilich alles weggenommen. Die Körper sind Erinnerungen, die Gesichter sind Rauch; dieses Licht, so gleichmäßig in allen Teilen, es ist so schwach und so widerwärtig durch seine Blässe. Diese allgemeine Gleichmütigkeit, die es erleuchtet oder vielmehr durchdringt, ohne etwas genauer abzuzeichnen; diese halb durchscheinenden Gruppen, die wir mit unseren Gespenstern bilden; diese abgeschwächten Stimmen, die uns zur Not bleiben und sich anhören, als ob man flüstere in ein dickes Fell oder in die Gleichgültigkeit eines Nebels ... Du mußt leiden, lieber Phaidros, aber noch nicht einmal genug leiden ... Selbst das ist uns untersagt.

PHAIDROS

Ich glaube jeden Augenblick, daß ich im Begriff bin zu leiden ... Aber ich bitte dich, sprich mir nicht von dem, was ich verloren habe; überlaß meine Erinnerung mir selbst. Laß ihr ihre Sonne und ihre Statuen. Oh, was für ein Gegensatz beherrscht mich! Vielleicht gibt es für die Erinnerungen eine Art zweiten Tod, den ich noch nicht erfahren habe. Ja, ich werde wieder lebendig, und ich sehe die vergänglichen Himmel wieder! Das Schönste, was es gibt, kommt nicht vor in der Ewigkeit.

SOKRATES

Wohin verlegst du es denn?

PHAIDROS

Nichts Schönes läßt sich vom Leben abtrennen. Das Leben ist das, was stirbt.

SOKRATES

Man kann so sagen ... Aber die meisten haben von der Schönheit eine irgendwie unsterbliche Vorstellung.

PHAIDROS

Ich will dir sagen, Sokrates, daß die Schönheit nach der Auffassung des Phaidros, der ich war ...

SOKRATES

Platon ist nicht in diesen Gegenden?

PHAIDROS

Ich spreche gegen ihn.[9]

SOKRATES

Gut also, sprich!

PHAIDROS

... nicht in einigen seltenen Gegenständen wohnt, noch in jenen Vorbildern außerhalb der Natur, in denen die edelsten Seelen gleichsam die Beispiele ihrer Pläne und die geheimnisvollen Grundformen ihrer Arbeiten erkennen; geheiligte Dinge, von denen man mit den Worten des Dichters reden müßte: *Gloire du long désir, Idées!*[10]

SOKRATES

Welchen Dichters?

PHAIDROS

Des sehr bewunderten Stephanos[11], der so viele Jahrhunderte nach uns erschien. Aber nach meinem Gefühl ist die Idee dieser Ideen, deren Vater unser herrlicher Platon ist, unendlich einfach, zu einfach und gewissermaßen zu rein, um die Vielfalt der Schönheiten zu erklären, den Wechsel der Bevorzugungen bei den Menschen, das Verbleichen von so viel Werken, die bis zu den Wolken erhoben worden waren, die Schöpfungen, die völlig Neues bringen und die Wiederauferstehungen, die vorherzusehen unmöglich ist. Es gibt da noch eine Menge anderer Einwürfe.

SOKRATES

Aber welches ist dein eigener Gedanke?

PHAIDROS

Ich weiß nicht mehr, wie ihn fassen. Nichts umschließt ihn; alles setzt ihn voraus. Er ist in mir wie ich selbst. Er handelt unfehlbar; er urteilt, er wünscht ... Wenn es aber darauf ankommt, ihn auszudrücken, so habe ich ebensoviel Schwierigkeit, wie wenn ich sagen sollte, was mich ausmacht; mich, den ich genau und zugleich so wenig kenne.

SOKRATES

Aber da es von den Göttern aus verstattet scheint, mein lieber Phaidros, daß wir unsere Unterhaltung fortsetzen in dieser Unterwelt, wo wir nichts vergessen haben, wo wir etwas erlernt haben, wo wir Stellen einnehmen, die oberhalb des Menschlichen liegen, sollten wir jetzt wenigstens wissen, was in Wirklichkeit schön ist und was häßlich; was dem Menschen angemessen ist; was ihn in Erstaunen setzen dürfte, ohne ihn gleich zu bestürzen, und Macht über ihn haben darf, ohne daß er darunter zum Toren werde ...

PHAIDROS

Das ist eben das, was ihn ohne Anstrengung über seine Natur hinaushebt.

SOKRATES

Ohne Anstrengung? Über seine Natur hinaus?

PHAIDROS

Ja.

SOKRATES

Ohne Anstrengung? Wie geht das zu? *Über seine Natur*? Was heißt das? Ich denke unwiderstehlich an einen Menschen, der sich auf seine eigenen Schultern schwingen wollte! ... Angewidert von diesem unsinnigen Bild, frag ich dich, Phaidros, wie soll man aufhören, sich selbst zu sein; und dann zurückkehren zu seinem Wesen? Und wie sollte dies alles geschehen können ohne Gewalt?

Ich weiß wohl, daß das Äußerste in der Liebe, daß die Ausschweifung im Wein oder die erstaunliche Wirkung, die Dämpfe hervorbringen, welche die Seherin einatmet, uns, wie man sagt, außer uns versetzen; und ich weiß noch besser durch meine sehr gewisse Erfahrung, daß unsere Seelen imstande sind, sich im Schoße der Zeit selbst Heiligtümer außerhalb der Dauer zu schaffen, im Innern ewig, vergänglich ihrer Natur nach; wo sie endlich das sind, was sie wissen; wo sie wünschen, was sie sind; wo sie sich geschaffen fühlen von dem, was sie lieben und ihm Licht für Licht zurückgeben, Stille für Stille, sich gebend und sich empfangend, ohne irgend etwas zu entleihen bei dem Stoff, aus dem die Welt gemacht ist, oder bei den Horen.[12] Sie sind dann wie jene schimmernden Stillen, umschrieben von Stürmen, die sich über den Meeren verschieben. Wer sind wir, während diese Abgründe dauern? Sie setzen das Leben voraus, das sie doch unterbrechen ...

Aber diese Wunder, diese Betrachtungen und diese Hingerissenheiten erklären für meinen Blick nicht das seltsame Problem der Schönheit. Ich vermag nicht diese äußersten Zustände der Seele anzuknüpfen an die Gegenwart eines Körpers oder irgendeines Gegenstandes, der sie hervorruft.

PHAIDROS

O Sokrates, du willst immer alles aus dir selber ziehen! ... Du, den ich bewundere unter allen Menschen, der du schöner bist in deinem Leben, schöner in deinem Tode als der schönste Gegenstand in der Sichtbarkeit; großer Sokrates, du anbetungswürdiges Scheusal, allmächtiger Gedanke, der das Gift verwandelt in ein Getränk der Unsterblichkeit, o du, der du, erkaltet und zur Hälfte des Körpers schon Marmor, mit der andern noch sprichst und uns freundschaftlich die Rede eines Gottes hältst, laß mich dir sagen, was vielleicht deiner Erfahrung gefehlt hat.

SOKRATES

Es ist ziemlich spät ohne Zweifel, um mich darüber zu unterrichten. Aber sprich immerhin.

PHAIDROS

Eine Sache, Sokrates, eine einzige Sache hat dir gefehlt. Du warst ein göttlicher Mensch, und du hattest vielleicht nicht nötig, was es an stofflicher Schönheit in der Welt gibt; kaum daß du davon gekostet hast. Ich weiß wohl, du verachtest nicht die Anmut der Landschaften oder den Glanz der Stadt oder die lebendigen Wasser oder den zarten Schatten der Platanen; aber das waren für dich nur entfernte Verzierungen für deine Gedanken, gleichsam die entzückende Umgebung deiner Zweifel, eine Gegend günstig für deine inneren Schritte. Das Schönste, was es gab, lenkte dich weit von sich ab; du sahst immer etwas anderes.

SOKRATES

Den Menschen und den Geist des Menschen.

PHAIDROS

Aber hast du unter den Menschen nicht einige getroffen, deren eigentümliche Leidenschaft für die Gestalten und Erscheinungen dich überraschte?

SOKRATES

Ohne Zweifel.

PHAIDROS

Und die doch an Intelligenz und an Tugenden hinter niemandem zurückstanden?

SOKRATES

Gewiß!

PHAIDROS

Hast du sie höher gestellt oder niedriger als die Philosophen?

SOKRATES

Das kommt darauf an.

PHAIDROS

Schien dir ihr Gegenstand mehr oder weniger der Untersuchung und der Liebe wert als der deinige?

SOKRATES

Es handelt sich nicht um ihren Gegenstand. Ich kann mir nicht vorstellen, daß es mehrere höchste Güter gibt; aber das, was mir dunkel ist und schwer zu verstehen, ist, daß Menschen, so rein ihrer Intelligenz nach, fühlbare Formen nötig haben und körperliche Anmut, um zu ihrem höchsten Zustand zu gelangen.

PHAIDROS

Eines Tages, lieber Sokrates, sprach ich von eben diesen Dingen mit meinem Freund Eupalinos.

– Phaidros, sagte er mir, je mehr ich über meine Kunst nachdenke, desto mehr übe ich sie aus; je mehr ich denke und handle, desto mehr leide und freue ich mich in meiner Eigenschaft als Architekt; – und um so mehr fühle ich mich selbst mit einer Wollust und einer Klarheit, die immer noch an Sicherheit gewinnen.

Ich verirre mich in lange Wartezeiten; ich finde mich wieder in Überraschungen, die ich mir selbst bereite; und mittels dieser allmählichen Abstufungen in meinem Schweigen schreite ich in meiner eigenen Erbauung vor; ich nähere mich einer so genauen Beziehung zwischen meinen Wünschen und meinen Fähigkeiten, daß es mir scheint, als hätte ich aus der Existenz, die mir gegeben wurde, ein Menschenwerk gemacht.

Indem ich baute, warf er lächelnd hin, habe ich mich, glaube ich, selbst erbaut . . .

SOKRATES

Sich erbauen und sich selbst erkennen, sind das zwei getrennte Akte oder nicht?

PHAIDROS

. . . und er fügte hinzu: Ich habe das Richtige gesucht in den Gedanken, damit sie, in klarer Weise hervorgegangen aus der Betrachtung der Dinge, sich wie von selbst verwandeln in die Handlungen meiner Kunst. Ich habe meine Aufmerksamkeiten verteilt; ich habe die Probleme umgeordnet; ich fange an, wo ich früher aufgehört habe, um ein bißchen weiterzugehen . . . Ich bin geizig im Träumen. Wenn ich mir etwas vorstelle, ist es schon immer, als führte ich etwas aus. Niemals mehr betrachte ich in dem formlosen[13] Raum meiner Seele jene eingebildeten Bauwerke, die in bezug auf wirkliche Gebäude das sind, was die Schimären und Gorgonen darstellen im Verhältnis zu wirklichen Tieren. Aber das, was ich denke, läßt sich ausführen; und das, was ich ausführe, hat mit dem Verständnis zu tun . . .[14] Und dann . . . Höre, Phaidros (sagte er mir noch), der kleine Tempel, den ich einige Schritte von hier für Hermes[15] gebaut habe, wenn du wüßtest, was er für mich bedeutet! – Wo der Vorübergehende nichts sieht als eine elegante Kapelle – eine Kleinigkeit: vier Säulen in sehr einfachem Stil –, da habe ich die Erinnerung an einen lichten Tag meines Lebens untergebracht. O süße Verwandlung! Dieser zarte Tempel, niemand ahnt es, ist das mathematische Bildnis eines Mädchens von Korinth, das ich glücklich geliebt habe. Er wiederholt getreu die besonderen Verhältnisse ihres Körpers. Er lebt für mich! Er gibt mir zurück, was ich ihm gegeben habe ...

Deshalb also ist er von so unerklärlicher Anmut, erwiderte ich ihm. Man fühlt wirklich in ihm die Gegenwart einer Person, die erste Blüte einer Frau, die Harmonie eines entzückenden Wesens; er erweckt ungefähr eine Erinnerung, die es nicht bis zu ihrem Umriß bringt; und dieser Anfang eines Bildnisses, das du in seiner Vollendung besitzt, genügt, die Seele zu locken und zugleich zu bestürzen. Wenn ich mich meinen Gedanken überlasse, so möchte ich ihn, weißt du, vergleichen mit einem Hochzeitsgesang, in den sich Flöten mischen, und ich fühle ihn in mir aufkommen.

Eupalinos sah mich mit einer Freundschaft an, die bestimmter schien und zärtlicher.

– Oh, sagte er, was bist du gemacht, mich zu verstehen. Niemand hat sich mehr als du meinem Daimon genähert. Ich wollte dir alle meine Geheimnisse anvertrauen; aber von den einen wüßte ich dir selber nicht angemessen zu sprechen, so sehr entziehen sie sich der Sprache; die anderen laufen Gefahr, dich zu langweilen, denn sie beziehen sich auf die Verrichtungen und die besonderen Kenntnisse in meiner Kunst. Ich kann dir nur andeuten, welche Wahrheiten, wenn nicht Geheimnisse du da eben gestreift hast, da du mir von Musik sprachst, von Gesängen, von Flöten im Hinblick auf meinen jungen Tempel. Sag mir (da du so empfänglich bist für die Wirkungen der Architektur), hast du nicht beobachtet, wenn du dich in dieser Stadt ergingst, daß unter den Bauwerken, die sie ausmachen, einige *stumm* sind; andere *reden*; und noch andere schließlich, und das sind die seltensten, *singen* sogar? – Diese äußerste Belebtheit geht nicht von ihrer Bestimmung aus oder von ihrer allgemeinen Gestalt, ebensowenig wie das, was sie zum Schweigen zwingt. Das hängt ab von dem Talent des Erbauers oder vielmehr von der Gunst der Musen.

– Jetzt, da du mich darauf aufmerksam machst, merke ich es selbst in meinem Geist.

– Gut. Diejenigen von den Bauwerken, die weder sprechen noch singen, verdienen nichts als Verachtung; das sind tote Dinge, geringer im Range als jene Haufen von Bruchsteinen, die die Karren der Unternehmer ausspeien und die wenigstens durch die zufällige Verteilung, die sie im Falle annehmen, das neugierige Auge unterhalten ... Was die Denkmäler angeht, die sich begnügen zu reden, so habe ich, wenn ihre Rede nur klar ist, alle Achtung für sie. Sie sagen zum Beispiel: hier vereinigen sich die Händler. Hier halten die Richter ihre Überlegungen ab. Hier seufzen die Gefangenen. Hier können die, die die Ausschweifung lieben ... (ich sagte da zu Eupalinos, daß ich in dieser letzten Art recht beachtenswerte gesehen hätte. Aber er hörte mich nicht). Diese Kaufhallen, diese Gerichtshöfe, diese Gefängnisse reden, wenn die, die sie erbauen, sich darauf verstehen, die genaueste Sprache. Die einen ziehen sichtlich eine bewegte, immerfort sich erneuernde Menge an, sie bieten ihnen Vorhallen und Eingänge dar; sie laden sie ein, durch Türen und durch die leicht zugänglichen Stiegen einzutreten in ihre geräumigen und wohlerleuchteten Säle, Gruppen zu bilden und sich den Gärungen der Geschäfte zu überlassen ... Die Wohnungen der Gerechtigkeit aber sollen den Augen Strenge und Gerechtigkeit unserer Gesetze vorstellen. Was ihnen wohl ansteht, ist die Majestät der bloßen Massen und die ungeheure Geschlossenheit der Mauern. Das Schweigen dieser öden Wandlungen ist nur von Zeit zu Zeit unterbrochen durch die Drohung einer geheimnisvollen Tür oder durch die traurigen Zeichen, die die Dunkelheit eines engen Fensters macht, das von schweren Eisen vergittert ist. Alles hier fällt Urteil, spricht von Strafe. Der Stein spricht gewichtig aus, was er umschließt. Die Mauer ist unerbittlich, und dieses Werk, der Wahrheit so genau entsprechend, bekennt seine strenge Bestimmung.

SOKRATES

Mein Gefängnis war nicht so schrecklich ... Es scheint mir, als sei das ein trübseliger Ort gewesen. An sich selbst gleichgültig.

PHAIDROS

Wie kannst du das sagen.

SOKRATES

Ich gestehe, ich habe ihn wenig angesehen. Ich sah nur meine Freunde, die Unsterblichkeit und den Tod.

PHAIDROS

Und ich war nicht bei dir.

SOKRATES

Platon war auch nicht da, Aristipp[16] auch nicht ... Aber der Saal war voll, die Mauern waren mir verstellt. Das Abendlicht färbte die Steine der Wölbung im Ton des Fleisches ... In Wirklichkeit, lieber Phaidros, gab es nie ein anderes Gefängnis für mich als meinen Körper. Aber komm zurück auf das, was dir dein Freund gesagt hat. Ich glaube, er war im Begriff, dir von den köstlichsten Bauwerken zu sprechen, und das würde ich gerne anhören.

PHAIDROS

Gut, ich fahre fort.

– Eupalinos entwickelte mir ein prachtvolles Bild von den gewaltigen Bauten, die man an den Häfen bewundert. Sie erstrecken sich hinaus ins Meer. Ihre Arme von einer reinen und harten Weiße umschreiben die besänftigten Becken, deren Ruhe sie schützen. Sie bewachen sie in Sicherheit, friedlich erfüllt mit Galeeren, geschützt durch künstliche Klippen und dröhnende Dämme. Hohe Türme, wo jemand wacht, wo die Flamme der Pinienzapfen in undurchdringlichen Nächten tanzt und wütet, überschauen die Weite vom Rande der beschäumten Mole

... Solche Werke zu wagen, heißt Neptun selbst herausfordern. Man muß die Gebirge karrenweise in die Wasser schütten, die man so einfassen will. Man muß die starren Trümmer, die man den Tiefen der Erde entrissen hat, entgegensetzen wider die bewegliche Tiefe des Meeres und die Anstürme seiner eintönigen Reiterei, die der Wind drängt und überspringt ... Diese Häfen, sagte mir mein Freund, diese geräumigen Häfen, welche Klarheit vor dem Geist! Wie sie ihre Teile entfalten! Wie sie sich herablassen zu ihrer Aufgabe! – Aber die Wunder, die dem Meer eigentümlich sind, und die zufälligen Gestaltungen der Ufer sind von den Göttern dem Architekten gnädig angeboten. Alles trägt zu der Wirkung bei, die diese edlen Gebilde, halb der Natur entstammend, auf die Seele ausüben: die Gegenwart des reinen Horizontes, das Heraufkommen und Verschwinden eines Segels, die Erregung, die mit der Ablösung von der Erde gegeben ist, der Beginn der Gefahren, die schimmernde Schwelle unbekannter Gegenden; und selbst die Habgier der Menschen, ganz bereit, sich zu verwandeln in eine abergläubische Furcht, so wie sie ihr nachgeben und den Fuß auf das Schiff setzen ... Das sind in der Tat wunderbare Schauplätze; aber die Gebäude der eigentlichen Kunst sind noch höher zu stellen. Sollten wir auch gezwungen sein zu einer für uns reichlich schwierigen Überwindung, muß man doch fähig sein, sich dem Zauber des Lebens und dem unmittelbaren Genuß zu entziehen. Das Schönste, das es gibt, ist notwendigerweise tyrannisch ...

– Ich aber sagte Eupalinos, daß ich nicht einsähe, warum es so sein müsse. Er antwortete mir, daß die wirkliche Schönheit genau ebenso selten sei, wie unter den Menschen derjenige, der imstande ist, eine Anstrengung gegen sich selbst zu unternehmen, das heißt ein bestimmtes Selbst zu wählen und sich aufzuerlegen. Darauf, den goldenen Faden des Gedankens wieder aufnehmend: Ich komme jetzt, sagte er, auf jene Meisterwerke, die ganz und gar einem zu verdanken sind und von denen ich dir eben gesagt habe, daß sie aus sich selbst zu singen scheinen.

War das ein eitles Wort, Phaidros? Waren das Ausdrücke, leicht hingeschaffen vom Gespräch, die schnell schmücken, aber nicht aushalten, bedacht zu sein? Gewiß nicht, Phaidros, nein, sicher nicht! ... Und da du sprachst (zuerst und unwillkürlich) von Musik bei Gelegenheit meines Tempels, so war es eine göttliche Analogie, die dich berührt hat. Diese Hochzeit der Gedanken, die sich von selbst vollzogen hat auf deinen Lippen als zerstreute Handlung deiner Stimme; diese scheinbar zufällige Verbindung so verschiedener Gegenstände beruht in einer wunderbaren Notwendigkeit, die in ihrer Tiefe auszudenken fast unmöglich ist, aber deren überredende Gegenwart du dunkel empfunden hast. Stelle dir also mit Stärke vor, was ein Sterblicher wäre, rein genug, verständig genug, fein und zähe genug, überdies mächtig ausgerüstet von Minerva[17], um bis an den Rand seines Wesens durchzudenken, bis an den Rand der Wirklichkeit, diese seltsame Annäherung der sichtbaren Formen mit der hinschwindenden Ansammlung sich vollendender Töne; bedenke, zu welchem heimlichen und allgemeinen Urgrund er vordringen würde, an welchem köstlichen Punkt er anlangen müßte; welchen Gott er finden würde in seinem eigenen Fleisch! Und sich in Besitz nehmend endlich in diesem Zustand göttlicher Zweideutigkeit, würde er sich dann vornehmen, ich weiß nicht was für Denkmäler aufzurichten, deren verehrungswürdige und anmutige Gestalt unmittelbar teilnehmen würde an der Reinheit des Tones in der Musik oder der Seele mitteilen müßte die Erregung eines unerschöpflichen Einklangs – denke, Phaidros, was für ein Mann, stell dir vor, was für Gebäude! ... Und was für Genüsse!

– Und du, sagte ich ihm, du begreifst das?

– Ja und nein. Ja, als Traum; nein, als Wissenschaft.

– Ziehst du irgendwelchen Nutzen aus diesen Gedanken?

– Ja, als Stachel. Ja, als Urteil. Ja, als Qual ... Aber ich habe nicht die Mittel, eine Analyse, wie es notwendig wäre, mit einer Entzückung zu verbinden. Manchmal nähere ich mich dieser kostbaren Fähigkeit ... Einmal war ich ganz dicht daran, sie zu ergreifen, aber nur, wie man im Schlaf einen geliebten Gegenstand besitzt. Ich kann dir nur sprechen von der Annäherung an eine so große Sache. Wenn sie sich ankündigt, lieber Phaidros, unterscheide ich mich schon so sehr von mir selbst, wie sich eine gespannte Saite unterscheidet von ihrem eigenen lockeren und gebogenen Zustand. Ich bin ein ganz anderer, als ich bin. Alles ist klar und scheint leicht. Meine Kombinationen folgen einander, erhalten sich in meinem inneren Licht. Ich fühle, wie mein Bedürfnis nach Schönheit meinen unbekannten Fähigkeiten[18] entsprechend und imstand ist, aus sich selbst die Gestalten hervorzubringen, die ihm Genugtuung sind. Ich sehne mich mit meinem ganzen Wesen ... Die Mächte kommen herbeigestürzt. Du weißt wohl, daß die Mächte der Seele in seltsamer Weise aus der Nacht hervorgehen. Sie rücken vor durch Täuschung bis an die Grenzen des Wirklichen. Ich rufe sie, ich beschwöre sie durch mein Schweigen ... Da sind sie, ganz beladen mit Klarheit und mit Irrtum. Das Wahre, das Falsche, sie glänzen gleich hell in ihren Augen, in ihren Kronen. Sie erdrücken mich mit ihren Gaben, sie belagern mich mit ihren Flügeln ... Phaidros, dies ist die Gefahr! Das ist das Schwierigste auf der Welt! ... O Augenblick von äußerster Wichtigkeit, o Zerrissenheit ohnegleichen! ... Diese unzähligen und geheimnisvollen Begünstigungen! – ich bin weit entfernt, sie so, wie sie sind, annehmen zu können: Abgeleitet einzig aus der ungeheuren Sehnsucht und fast einfältig geformt durch die grenzenlose Erwartung der Seele, muß ich sie aufhalten, o Phaidros, und mich so benehmen, daß sie auf mein Zeichen warten. Und nachdem ich sie hervorgerufen durch eine Art Unterbrechung meines Lebens (anbetungswürdige Ausschaltung der gewöhnlichen Dauer), geht mein Wille so weit, daß ich auch noch das Unteilbare teile und daß ich mäßige und unterbreche die Geburt selbst der Ideen ...

– O Unglücklicher, sagte ich ihm, was willst du tun in der Zeit eines Blitzes?
– Frei sein! Es gibt eine Menge Dinge, fuhr er fort, es gibt . . . alle Dinge in diesem einen Augenblick; und alles, was die Philosophen beschäftigt, geht vor sich zwischen dem Blick, der einen Gegenstand trifft, und der Erkenntnis, die daraus hervorgeht . . . um immer vorzeitig zu Ende zu sein.
– Ich verstehe dich nicht. Du strengst dich also an, diese Ideen zu verlangsamen.
– Ich muß, ich hindere sie daran, mich zu befriedigen, ich schiebe das reine Glück hinaus.
– Warum? Woher nimmst du diese grausame Kraft?
– Eines ist wichtig vor allem: zu erreichen, daß das, *was sein wird*, mit der ganzen Kraft seiner Neuheit genüge den vernünftigen Anforderungen dessen, *was gewesen ist*. Wie soll man da nicht dunkel sein? . . . Hör zu: ich habe eines Tages einen bestimmten Strauß Rosen gesehen, und ich habe davon ein Wachsbild gemacht. Da dieses Wachs fertig war, habe ich es in eine Sandform getan. Die eilende Zeit macht die Rosen zunichte; und das Feuer gibt das Wachs sofort seiner ungestalteten Natur zurück. Aber dieses Wachs, indem es ausfloß aus seiner Form, erlaubte der blendenden Flüssigkeit der Bronze, in dem verhärteten Sand das geringste Blütenblatt in einer hohlen Ebenbürtigkeit nachzuformen.
– Ich verstehe, Eupalinos, dieses Rätsel ist mir durchsichtig; der Mythos ist leicht zu übersetzen.

Diese Rosen, die frisch waren, und die vor deinen Augen hinschwinden, bedeuten sie nicht alle Dinge, ja, das bewegliche Leben selbst? – Dieses Wachs, das du modelliert hast, ihm einprägend deine geschickten Finger, während deine Augen an den Blütenkelchen saugten und mit Blumen beladen zurückkamen zu deinem Werk – ist das nicht ein Gleichnis deiner täglichen Arbeit, reich durch den Umgang deiner Handlungen mit deinen neuen Beobachtungen? – Das Feuer, das ist die Zeit selbst, die völlig zerstören würde oder zerstreuen in der weiten Welt sowohl die wirklichen Rosen wie die Rosen aus Wachs, wenn nicht dein Wesen in einer gewissen Weise, ich weiß nicht wie, bewahren würde die Form deiner Erfahrung und die geheime Dauer ihrer Ursache. Was das flüssige Erz angeht, so bedeutet es gewiß die außergewöhnlichen Mächte deiner Seele und den aufgeregten Zustand eines Dings, das sich gebären will. Dieser glühende Strom würde sich vergeblich in Wärme und Glanz verschwenden und würde nur Barren zurücklassen oder unregelmäßige Gußstücke, wenn du nicht verstündest, ihn zu führen durch geheimnisvolle Kanäle, daß er erkalte und sich verteile in den genauen Gußmulden deiner Weisheit. So ist es also notwendig, daß dein Wesen selbst sich teile, im gleichen Augenblick heiß werde und kalt, flüssig und fest, frei und gebunden – Rosen, Wachs und Feuer; Gußform und Metall von Korinth.

– Genau das. Aber ich habe dir gesagt, daß ich nur versuchsweise darangehe.

– Wie stellst du's an?

– Wie es eben geht.

– Aber sag mir, wie versuchst du es?

– Höre also weiter, da du es wünschest ... Ich weiß nicht, wie ich dir klarmachen soll, was mir selber nicht klar ist. – O Phaidros, wenn ich eine Wohnstätte erfinde (sei es für die Götter, sei es für einen Menschen), und wenn ich diese Form suche mit Liebe, mich bemühend, einen Gegenstand hervorzubringen, der den Blick erfreue und sich mit dem Geiste unterhalte, der in Einklang sei mit der Vernunft und mit den zahlreichen Bedingungen, die üblich sind, ... so muß ich dir eine befremdliche Sache sagen: *es scheint mir, als sei mein eigener Körper mit dabei* ... Laß mich dir sagen, dieser Körper ist ein wunderbares Instrument, und ich überzeuge mich immer mehr, daß die Lebendigen, die ihn in ihrem Dienste haben, ihn nicht völlig ausnutzen. Sie gewinnen ihm nur Vergnügen ab, Schmerzen und die unerläßlichen Anwendungen, wie eben zu leben. Manchmal verwechseln sie sich mit ihm; gelegentlich vergessen sie einige Zeit seine Existenz; und abwechselnd zu stumpf, abwechselnd reine Geister, wissen sie gar nicht, über welche allseitigen Beziehungen sie verfügen[19], aus was für einem unerhörten Stoff sie gemacht sind. Eben durch ihn nehmen sie teil an dem, was sie sehen, und an dem, was sie berühren; sie sind Stein, sie sind Bäume; sie tauschen Berührungen und Hauche aus mit dem Stoff, der sie enthält. Sie berühren, sie sind berührt; sie sind schwer, und sie heben Gewichte; sie rühren sich und tragen mit sich herum ihre Tugenden und ihre Laster; und wenn sie in Träumerei verfallen oder in den unbestimmten Schlaf, so wiederholen sie die Natur der Wasser, werden Sand und Wolken ... Bei anderen Gelegenheiten versammeln sie in sich den Blitz und schleudern ihn! ...

Aber ihre Seele weiß nicht mit Genauigkeit, was mit dieser Natur, die ihr so nahe ist und die sie durchdringt, zu beginnen. Sie eilt voraus, sie bleibt zurück, sie scheint den Augenblick selbst zu fliehen. Sie erhält von ihm den Anstoß und die Antriebe, die es mit sich bringen, daß sie sich von sich selbst entfernt und sich in der eigenen Leere verliert, wo sie Dünste zur Welt bringt. Ich dagegen, unterrichtet durch meine Irrtümer, ich sage im hellsten Licht und wiederhole mir jeden Morgen:

»O mein Körper[20], der du mir jeden Augenblick zum Bewußtsein bringst dieses Temperament meiner Neigungen, dieses Gleichgewicht deiner Organe, diese richtigen Verhältnisse deiner Teile, die es mit sich bringen, daß du bist und dich immerfort erneuerst im Schoße der beweglichen Dinge: wache über meinem Werk; flöße mir dumpf die Forderungen der Natur ein, und übertrage mir diese große Kunst, mit der du ausgestattet bist, so wie du bestehst durch sie, die Jahreszeiten zu überdauern und dich zurückzunehmen aus den Zufällen. Gib mir, daß ich in deiner Verbindung das Gefühl der wirklichen Dinge erkenne; mäßige, bestärke, sichere meine Gedanken. So vergänglich du bist, du bist es um vieles weniger als meine Träume. Du dauerst ein wenig länger als eine Einbildung; zu zahlst für meine Handlungen, du büßest für meine Fehler: Instrument des Lebens, das du bist, du bist für jeden von uns der einzige Gegenstand, der sich mit dem Weltall vergleichen läßt. Der ganze Himmelsumkreis hat dich zur Mitte; o Gegenstand der gegenseitigen Aufmerksamkeit eines ganzen gestirnten Himmels! Du bist das Maß der Welt[21], von der meine Seele mir nur das Äußere vorstellt. Sie kennt sie nur oberflächlich und so unzulänglich[22], daß sie manchmal imstande ist, sie unter die Träume zu stellen; sie zweifelt an der Sonne ... Von sich eingenommen durch ihre vergänglichen Hervorbringungen, glaubt sie sich fähig, eine Unzahl verschiedener Realitäten zu schaffen; sie bildet sich ein, es gäbe andere Welten, aber du rufst sie zurück zu dir, wie der Anker das Schiff zu sich zurückruft ...

Meine Intelligenz, besser unterrichtet, wird nicht aufhören, teurer Körper, dich von jetzt ab zu sich zu rufen; noch wirst du, hoffe ich, unterlassen, ihr deine Gegenwart, dein Drängen, deine greifbaren Bindungen zur Verfügung zu stellen. Denn endlich haben wir das Mittel gefunden, du und ich, uns verbunden zu halten, und den unauflösbaren Knoten unserer Unterschiede: ein Werk soll unsere Tochter sein. Wir haben jeder nach unserer Seite hin gehandelt. Du lebtest, ich träumte. Meine weiten Träumereien führten zu einer grenzenlosen Ohnmacht. Aber das Werk, das ich jetzt hervorbringen will und das nicht von selbst geschieht, möge es uns zwingen, uns gegenseitig zu antworten, und einzig aus unserem Einverständnis hervorgehen. Aber dieser Körper und dieser Geist, aber diese Gegenwart, unbezwinglich gegenwärtig, und diese schöpferische Abwesenheit, die sich um das Wesen streiten und die man endlich zusammenfassen muß; aber dieses Begrenzte und dieses Unendliche, das wir hinzu bringen, jeder nach seiner Natur, jetzt müssen sie sich verbinden in einer wohlgefügten Ordnung[23]; und wenn sie durch die Gnade der Götter verständigt arbeiten, wenn sie untereinander das Überkommene und die Gnade austauschen, die Schönheit und die Dauer, die Bewegungen gegen die Linien und die Zahlen gegen die Gedanken, so wäre es so weit, daß sie endlich ihre wirkliche Beziehung entdeckt hätten, ihre Handlung. Mögen sie sich verabreden, mögen sie einander verstehen mittels des Stoffs meiner Kunst. Die Steine und die Kräfte, die Profile und die Massen, die Lichter und die Schatten, die künstlichen Zusammenfassungen, die Täuschungen der Perspektive und die Wirklichkeiten der Schwerkraft, solches sind die Gegenstände ihres Umgangs, dessen Gewinn endlich jener unverderbliche Reichtum sei, den ich Vollendung nenne.«

SOKRATES

Was für ein beispielloses Gebet! ... und dann?

PHAIDROS

Er schwieg.

SOKRATES

Alles das klingt seltsam an diesem Ort. Nun, da wir des Körpers beraubt sind, müssen wir uns offenbar beklagen und jenes Leben, das wir verlassen haben, mit demselben neidischen Aug betrachten, mit dem wir früher hinübersahen nach dem Garten der seligen Schatten ... Weder die Werke noch die Wünsche folgen uns hierher nach; aber es ist Platz für die Reue.

PHAIDROS

Diese Anlagen sind voll von unseligen Ewigen.

SOKRATES

Wenn ich diesem Eupalinos begegnete, so würde ich gerne noch etwas von ihm erfahren.

PHAIDROS

Er muß der Unseligste unter den Seligen sein. Was würdest du noch von ihm erfahren wollen?

SOKRATES

Sich etwas klarer auseinanderzusetzen in bezug auf jene Bauwerke, von denen er sagte, daß sie singen.

PHAIDROS

Ich sehe, dieses Wort geht dir nach.

SOKRATES

Es gibt Worte, die sind Bienen für den Geist. Sie haben die Zudringlichkeit von Fliegen und bedrängen ihn. Diese da hat mich gestochen.[24]

PHAIDROS

Und was sagt der Stich?

SOKRATES

Er reizt mich, über die Künste zu schwätzen. Ich halte sie aneinander, ich suche die Unterschiede; ich möchte den Gesang von Säulen[25] hören und mir im klaren Himmel das Denkmal einer Melodie vorstellen. Diese Einbildung führt mich leicht dazu, auf die eine Seite die Musik zu stellen und die Architektur, auf die andere die anderen Künste. Eine Malerei, lieber Phaidros, bedeckt nur eine Oberfläche, die einer Bildtafel oder einer Mauer; und auf ihr täuscht sie Gegenstände vor oder Personen. Selbst der Bildhauer schmückt immer nur einen Teil unseres Ausblicks. Aber ein Tempel, wenn man an ihn herantritt, oder gar das Innere dieses Tempels, bildet für uns eine Art von vollständiger Großheit, in der wir leben ... Wir sind dann, wir begegnen uns, wir leben im Werk eines Menschen! Es gibt keinen Teil innerhalb dieser dreifachen Ausdehnung, der nicht erkannt und überlegt worden wäre. Wir atmen hier gewissermaßen den Willen und die Vorliebe eines bestimmten Menschen. Wir sind ergriffen und gemeistert von den Verhältnissen, die er gewählt hat. Wir können ihm nicht entgehen.

PHAIDROS

Ohne Zweifel.

SOKRATES

Aber siehst du nicht, daß uns das Gleiche auch in anderen Bedingungen geschieht?

PHAIDROS

Welches Gleiche?

SOKRATES

Im Werke eines Menschen zu sein wie die Fische in der Welle, vollständig in ihm zu baden, in ihm zu leben, ihm zu gehören.

PHAIDROS

Ich errate es nicht.

SOKRATES

Wirklich! So hast du dies niemals erfahren, wenn du einer

feierlichen Versammlung beiwohntest, wenn du teilnahmst an einem Gastmahl und wenn das Orchester den Saal mit Tönen erfüllte und mit Erscheinungen? Kam es dir dann nicht vor, als ob der ursprüngliche Raum ersetzt worden wäre durch einen verständlichen und veränderlichen Raum; oder vielmehr als ob die Zeit selbst dich auf allen Seiten umgäbe? Lebtest du nicht in einem beweglichen Gebäude, das immerfort erneuert war und wieder erbaut in sich selbst, völlig hingegeben an die Verwandlungen einer Seele, welche eine Raumseele war? War das nicht eine immerfort wechselnde Fülle, gleich einer unaufhörlichen Flamme, die dein Wesen erleuchtete und erwärmte, indem sie in dir immerfort Erinnerungen verzehrte, Vorgefühle, Rückblicke und Voraussichten und dazu eine Unzahl unbestimmterer Erregungen? Und diese Augenblicke und was ihnen zum Schmucke diente; diese Tänze ohne Tänzerinnen, diese Statuen ohne Körper und ohne Gesicht (und dennoch so fein gezeichnet), schien es dir nicht, als ob sie dich umgäben, dich, der wie ein Sklave unter die verteilte Gegenwart dieser Musik geraten war? Diese unerschöpfliche Entstehung von Zaubereien, warst du nicht mit ihr eingeschlossen und gezwungen, darin zu sein wie eine Pythia in der Kammer voll Dämpfen?

PHAIDROS

Ja, gewiß. Und ich habe sogar beobachtet, daß man in einer solchen Eingeschlossenheit und in der Welt, die die Töne hervorbringen, da oder dort, außer sich ist.

SOKRATES

Mehr noch! Hast du diese ganze Bewegung nicht wie etwas Unbewegliches empfunden, gemessen an der noch größeren Beweglichkeit deines Gedankens?

Hast du nicht in gewissen Augenblicken, gewissermaßen bei dir selbst, diesen ganzen Zusammenhang von Erscheinungen, Übergängen, Widersprüchen und unbeschreiblichen Ereignissen als eine Sache empfunden, von der man sich abwenden und zu der man zurückkehren kann; auf einem Weg gewissermaßen, auf dem man sie immer wieder als die gleiche wiederfindet?

PHAIDROS

Ich gestehe, es ist mir geschehen, mich abzulösen von der Musik, ohne daß ich es recht wußte, sie sozusagen zu lassen, wo sie war ... Es zerstreut mich, sie im Stich zu lassen auf ihre eigene Aufforderung hin. Später finde ich mich dann zu ihr zurück.

SOKRATES

Diese ganze Beweglichkeit bildet also etwas wie ein Festes. Sie scheint für sich zu bestehen wie ein Tempel, der um deine Seele gebaut ist; du kannst heraustreten und dich entfernen; du kannst zurückkehren durch eine andere Tür.

PHAIDROS

Das ist richtig. Man kommt sogar niemals durch dieselbe Tür zurück.

SOKRATES

Es gibt also zwei Künste, die den Menschen in den Menschen einschließen, oder vielmehr die das Wesen einschließen in sein Werk und die Seele einschließen in seine Handlungen und in die Ergebnisse seiner Handlungen. So wie unser Körper einstmals völlig eingeschlossen war in die Schöpfung seines Auges und ganz umgeben von dem, was er sah. Durch zwei Künste umgibt er sich also auf verschiedene Arten mit Gesetzen und inneren Willensakten, die sich in dem einen oder anderen Stoff darstellen, im Stein oder in der Luft.

PHAIDROS

Ich sehe wohl, Musik wie Architektur besitzen jede diese tiefe Verwandtschaft mit uns.

SOKRATES

Alle beide erfüllen sie einen anderen Sinn in seiner Ganzheit. Wir entgehen der einen nur durch einen inneren Einschnitt; der anderen durch Bewegungen; und jede von ihnen erfüllt unsere Erkenntnis und unseren Raum mit künstlichen Wahrheiten und mit Gegenständen von vorzüglich menschlicher Bedeutung.

PHAIDROS

Eine und die andere also, indem sie sich unmittelbar auf uns beziehen ohne Zwischenglied, müßten zueinander eigentümlich einfache Beziehungen eingehen.

SOKRATES

Ganz richtig. Du sprichst es aus: ohne Zwischenglied. Denn die sichtbaren Gegenstände, welche die übrigen Künste und die Poesie für sich gebrauchen: die Blumen, die Bäume, die lebenden Wesen (und selbst die unsterblichen) hören nicht auf, wenn sie im Werk eines Künstlers vorkommen, sie selbst zu sein und ihre Natur und ihre eigene Bedeutung mit den Plänen desjenigen zu mischen, der sie anwendet, um mittels ihrer seinen Willen auszudrücken. So zum Beispiel setzt ein Maler, welcher wünscht, daß an einer bestimmten Stelle seines Bildes Grün vorkomme, einen Baum dorthin; er sagt damit eine Kleinigkeit mehr, als er im Grunde hatte sagen wollen. Er fügt seinem Werk alle die Ideen hinzu, die von der Idee eines Baumes abgeleitet sind, und kann sich nicht auf das beschränken, was an sich genügt. Er kann die Farbe nicht trennen von irgendeinem Wesen.

PHAIDROS

Darin liegt der Vorteil und auch das Übel, den wirklichen Gegenständen unterworfen zu sein; jeder von ihnen enthält eine Mehrheit der Dinge für die Menschen und kann eintreten in eine Mehrheit verschiedener Nützlichkeiten für sein Vorhaben ... Was du da vom Maler sagst, läßt mich auch an die Kinder denken, von denen ein Pädagoge verlangt, sie möchten nachdenken über Achilles und die Schildkröte und die Zeit feststellen, die ein Held braucht, um dieses schwerfällige Tier einzuholen.[26] Statt nun die Fabel aus ihrem Geist zu verdrängen und einfach nur die Zahlen und die arithmetischen Verhältnisse zu behalten, stellen sie sich einerseits die geflügelten Füße vor, anderseits die langsame Schildkröte; sie kriechen nach und nach in beide Wesen hinein, denken das eine, denken das andere; und so schaffen sie zwei Zeiten und zwei Räume, die miteinander unverträglich sind, und geraten niemals in jenen Zustand, in dem es weder Achilles noch die Schildkröte gibt, noch selbst die Zeit; keine Schnelligkeit, aber Zahlen und Gleichungen von Zahlen.

SOKRATES

Aber die Künste, von denen wir sprechen, sollen im Gegenteil mittels Zahlen und Zahlenbeziehungen in uns nicht so sehr eine Fabel hervorbringen als vielmehr die heimliche Macht, aus der alle Fabeln hervorgehen. Sie erheben die Seele in die schöpferische Tonart, machen sie widerhallend und fruchtbar. Sie antwortet auf diese stoffliche und reine Harmonie, die sie ihr mitteilen, durch einen unerschöpflichen Überfluß von Auslegungen und Mythen, die sie ohne Anstrengungen erzeugt, und sie schafft aus dieser unwiderstehlichen Bewegung, welche die überlegten Formen und die richtigen Intervalle ihr auferlegen, eine Unendlichkeit eingebildeter Ursachen, die sie in Stand setzen, tausend wunderbar fertige und wie im Guß geschaffene Leben zu leben.

PHAIDROS

Weder Malerei noch Dichtung haben diese Vorzüge.

SOKRATES

Sie haben die ihrigen, gewiß! Diese aber wohnen sozusagen in der Gegenwart. Ein schöner Körper will an sich selbst angesehen sein und bietet uns einen wunderbaren Augenblick: es ist eine Einzelheit der Natur, die der Künstler wie durch ein Wunder festgehalten hat ... Aber die Musik und die Architektur lassen uns an etwas anderes denken als an sie selbst; sie sind mitten in dieser Welt wie Denkmäler einer anderen Welt oder vielmehr wie da und dort verstreute Beispiele einer Struktur und einer Dauer, die nicht den Wesen zukommt, sondern den Formen und den Gesetzen. Sie scheinen bestimmt, uns ohne Umweg zu erinnern, die eine an die Bildung des Weltalls, die andere an seine Ordnung und Beständigkeit; sie rufen die Gebilde des Geistes hervor und seine Freiheit, die dieser Ordnung nachgeht und sie wiederherstellt auf tausend Arten; sie vernachlässigen also die besonderen Erscheinungen, mit denen die Welt und der Geist im allgemeinen beschäftigt sind: Pflanzen, Tiere und Leute ... Ich habe sogar zuweilen beobachtet, daß, wenn es mir geschah, Musik anzuhören mit einer Aufmerksamkeit, die ihrer Vielgestaltigkeit gleichkam, ich die Töne der Instrumente gewissermaßen nicht mehr als Eindrücke meines Gehörs wahrnahm. Die Symphonie selbst ließ mich den Sinn des Hörens vergessen. Sie verwandelte sich so rasch und so vollkommen in belebte Wahrheiten, in Abenteuer des Weltalls oder in abstrakte Zusammenhänge, daß ich das sinnliche Mittel, den Ton, überhaupt nicht mehr wahrnahm.

PHAIDROS

Du willst sagen, nicht wahr, daß die Statue an die Statue denken macht, daß man aber bei Musik nicht an die Musik denkt oder vor einem Bauwerk nicht an ein anderes. Gerade deshalb kann, wenn du recht hast, eine Fassade singen. Aber ich frage mich umsonst, wie diese seltsamen Wirkungen möglich sind.

SOKRATES

Mir will scheinen, das haben wir schon herausgefunden.

PHAIDROS

Ich habe nur ein unklares Gefühl davon.

SOKRATES

Was haben wir gesagt? – Dem Stein und der Luft verständliche Formen mitteilen; sehr wenig dabei von den wirklichen Dingen entlehnen, die Welt so wenig wie möglich nachahmen; das wäre also das, was die beiden Künste gemein haben.

PHAIDROS

Ja. Diese Negation haben sie gemein.

SOKRATES

Aber nun im Gegenteil wesentlich menschliche Gegenstände hervorbringen; fühlbare Mittel anwenden, die nicht auf Ähnlichkeiten mit fühlbaren Dingen beruhen, die nicht Doppelgänger sind bekannter Wesen; den Gesetzen Gestalt verleihen oder von den Gesetzen selbst ihre Gestalt herleiten – ist auch nicht das Sache der einen wie der andern?

PHAIDROS

Ja, auch darin kann man sie vergleichen.

SOKRATES

Das Geheimnis steckt also in diesen wenigen Ideen. Die Analogie, die wir verfolgen, beruht in diesen Gestaltungen, in diesen halb greifbaren, halb abstrakten Geschöpfen, die in den beiden Künsten eine so große Rolle spielen: Es gibt eigentümliche Erscheinungen, wahrhafte Schöpfungen des Menschen, die Anteil haben am Gesicht und am Tastsinn – oder aber am Gehör –, zugleich aber auch am Verstand, an der Zahl und am Wort.

PHAIDROS

Du meinst die geometrischen Figuren?

SOKRATES

Ja. Und die Gruppen von Tönen oder Rhythmen oder Tonarten. Der Ton an sich, der reine Ton, ist eine Art Schöpfung. Die Natur kennt nur den Lärm.

PHAIDROS

Sind aber nicht alle Figuren geometrisch?

SOKRATES

Nicht mehr, als der Lärm musikalisch ist.

PHAIDROS

Aber wie unterscheidest du die einen von den andern; die geometrischen Figuren von denen, die es nicht sind?

SOKRATES

Laß uns vorher diese betrachten ... Nimm an, lieber Phaidros, wir seien noch lebendig, mit Körpern ausgestattet und von Körpern umgeben. Nimm einen Griffel, würde ich sagen, oder einen scharfen Stein und zeichne auf irgendeine Mauer, ohne weiter daran zu denken, irgendeinen Strich. Zieh ihn in einem Zug. Tust du's?

PHAIDROS

Ich tu's, obwohl ohne Stoff, indem ich mich auf meine Erinnerungen verlasse.

SOKRATES

Was hast du getan?

PHAIDROS

Mir scheint, als hätte ich eine Linie aus Rauch gezogen. Sie läuft, sie bricht sich, sie kommt zurück, sie verschlingt sich, sie macht eine Schleife. Sie verwickelt sich in sich selbst, sie gibt mir das Bild einer Laune ohne Ziel, ohne Anfang und Ende, ohne andere Bedeutung als die Freiheit meiner Gebärde innerhalb des Umkreises meines Arms.

SOKRATES

Gut. Deine Hand wußte selber nicht, da sie an einem bestimmten Ort war, wohin sie dann gehen würde. Sie war einfach getrieben von dem ungenauen Bestreben, den Ort, den sie einnahm, zu verlassen. Anderseits war sie auch wieder zurückgehalten und gewissermaßen verlangsamt durch die wachsende Entfernung von deinem Körper ... Und schließlich kam der Stein dazu, der den anderen Stein nicht mit gleicher Leichtigkeit nach allen Richtungen hin ritzte, und er fügte seinen Zufall hinzu zu deinen übrigen ... Ist das nun eine geometrische Figur, Phaidros?

PHAIDROS

Gewiß nicht. Aber ich weiß nicht warum.

SOKRATES

Aber wenn ich dich nun bäte, mit diesem Stein oder Stichel den Umriß einer Sache zu zeichnen, den einer Vase zum Beispiel oder das stumpfe Profil des Sokrates, würde dieser Strich geometrischer sein, als was du da dem Zufall nach in die Mauer eingekratzt hast?

PHAIDROS

Nein; an sich nicht.

SOKRATES

Du antwortest, wie ich selbst würde geantwortet haben: »an sich nicht.« Du fühlst also irgendein Mehr bei dem Vorgang, der einem Vorbild unterworfen war, gegenüber dem anderen, früheren, bei dem es sich nur darum handelte, den Bewurf einer Mauer zu ritzen. Und doch ist die so gezeichnete Figur – die Rundung einer Vase oder die bizarre Ausbuchtung der Nase des Sokrates – nicht geometrischer an sich als die zuerst blindlings gezogene Linie. Jeder Moment deiner Bewegung ist allen übrigen Momenten fremd. Es besteht keine Notwendigkeit, die

die Aushöhlung meiner Nase verbände mit der Rundheit meiner Stirn. Immerhin, deine Hand ist nicht mehr frei, auf der Mauer herumzufahren; jetzt »willst du« etwas, du unterwirfst deine Zeichnung diesem äußeren Gesetz: sie soll eine gegebene Form wiederholen. Du verpflichtest dich zu diesem Bestimmten, du hast sogar das Gesetz, das du dir auferlegst, zusammengefaßt in den Worten »den Schatten vom Kopf des Sokrates auf einer ebenen Fläche darstellen«. Dieses Gesetz ist selbst nicht hinreichend, um deine Hand zu führen, du brauchst dazu die Gegenwart des Modells, aber es beherrscht ihre Handlung; es bildet daraus ein Ganzes, das sein Ziel hat, seine Berechtigung und seine Grenzen.

PHAIDROS

Wahrhaftig, ich könnte also sagen, daß ich eine geometrische Handlung vollziehe, aber daß die Figur selbst, die daraus hervorgeht, nicht geometrisch sei?

SOKRATES

Ganz und gar. Oder du kannst sagen, sie sei es sogar in bezug auf die Ähnlichkeit, aber sie sei es nicht an sich selbst.

PHAIDROS

Komm jetzt auf die wirklich geometrische Figur.

SOKRATES

Sofort; aber ich glaube nicht besser sagen zu können, was sie ist, als indem ich die übrigen Figuren, die es nicht sind, ausschließe.

PHAIDROS

Du mußt es aber doch sagen.

SOKRATES

Ich nenne also »geometrisch« jene Figuren, welche die Bewegung darstellen, die wir in wenigen Worten ausdrücken können.

PHAIDROS

Wenn du also jemandem befiehlst zu gehen, so bringt dieses Wort allein schon geometrische Figuren hervor?

SOKRATES

Nein. Wenn ich sage: geh!, so ist die Bewegung durch

diesen Befehl nicht genügend bestimmt. Der Mensch kann vorwärts gehen, rückwärts, schräg oder quer ... Dazu gehört, daß durch eine einzige Gegebenheit die Bewegung in so genauer Weise bestimmt sei, daß der bewegliche Körper keine andere Freiheit behalte, als diese zu vollziehen, und nur sie allein, und alle einzelnen Momente dieser Bewegung müssen dieser gegebenen Bedingung sich unterwerfen, so daß die Teile der Figur ein Einziges bilden im Gedanken, obwohl sie sich unterscheiden in der Ausdehnung. Wenn ich dir also sage, zu gehen, indem du immerfort den gleichen Abstand zu zwei Bäumen einhältst, so bringst du eine dieser Figuren hervor, vorausgesetzt, daß du in deiner Bewegung immerfort die Bedingung einhältst, die ich dir gegeben habe.

PHAIDROS

Und? Was ist so Wunderbares an dieser Hervorbringung?

SOKRATES

Ich weiß nichts, was göttlicher wäre, oder menschlicher; einfacher und mächtiger in seiner Art.

PHAIDROS

Ich bin neugierig auf deine Gründe.

SOKRATES

O mein Freund, so scheint es dir also nicht wunderbar, daß der Blick[27] und die Bewegung so eng miteinander verbunden sind, daß ich in Bewegung verwandeln kann einen sichtbaren Gegenstand wie eine Linie und eine Bewegung in einen Gegenstand, daß diese Verwandlung sicher sei und immer die gleiche, und daß sie es sei mittels des Wortes? Der Blick gibt mir eine Bewegung, und die Bewegung wiederum läßt mich erfahren ihre Entstehung und die Bindung ihres Vollzugs. Ich bin bewegt durch meinen Blick[28]; ich bin um ein Bild bereichert durch die Bewegung, und die gleiche Sache ist mir gewährt, ob ich nun an sie herantrete in der Zeit oder ob ich sie finde im Raum ...

PHAIDROS

Aber wozu sind denn die Worte notwendig? Und warum so wenig Worte?

SOKRATES

Dieses, lieber Phaidros, ist das Wichtigste: keine Geometrie ohne Worte. Ohne das Wort sind die Figuren bloße Vorfälle und offenbaren weder die Macht des Geistes, noch dienen sie ihr. Durch es werden die Bewegungen, die sie hervorbringen, zum Vollzug, und dieser Vollzug, genau bestimmt durch das Wort, macht jede Figur zu einer Gegebenheit, die sich mit anderen verbinden läßt; auf diese Weise können wir, ohne weiter das Aussehen oder die Bewegung in Betracht zu nehmen, die Eigenschaften der Verbindungen erkennen, die wir vollzogen haben, und gewissermaßen die Ausdehnung herstellen oder bereichern mittels wohlverketteter Sätze.

PHAIDROS

Der Geometer schließt also, wenn er eine Figur hinreichend betrachtet hat, gewissermaßen die Augen und stellt sich blind?

SOKRATES

Für eine Weile zieht er sich von den Bildern zurück und gibt blindlings den Fügungen nach, die das Abrollen des Geistes den Worten bereitet. Im Schoß einer tätigen Stille lösen sich die schwierigsten Worte auf in die einfachsten. Die Ideen, die identisch waren, aber noch getrennt, gehen ineinander auf. Die Ähnlichkeiten unter den verstandesmäßigen Formen fassen sich zusammen und vereinfachen sich. Die Erkenntnisse, die aus verschiedenen Sätzen hervorgehen, verbinden diese untereinander und verschwinden selbst, indem sie so erlauben, daß die Dinge sich vereinigen, an die sie besonders angeschlossen waren ... So bleibt vom Gedanken nur die Reihe seiner reinen Handlungen, in denen er wechselt und sich verwandelt in sich selbst. So entwickelt er schließlich aus seinen Dunkelheiten das ganze Spiel seiner Berechnungen ...

PHAIDROS

Dieser wunderbare Blinde hält sich also für den Schauplatz einer gelehrten Tanzkunst von Symbolen ... Erinnerst du dich der verstörten Augen des Diokles?[29]

SOKRATES

Aber diese Wunder sind nichts als die höchsten Wirkungen der Sprache.

PHAIDROS

Ah, die Sprache als Baumeister? ... Ich wußte schon, daß sie die Quelle der Fabeln ist. Für einige ist sie sogar der Vater der ...[30]

SOKRATES

Phaidros, Phaidros, die Gottlosigkeit ist ohne Anmut an diesem Ort. Es gibt hier keinen Blitz, und so ist die Lästerung ohne Verdienst ... Und diese ungewissen Wiesen bringen keinen Schierling hervor. Aber wahrhaftig, das Wort kann bauen, wie es schaffen kann oder verderben. Wollte man ihm einen Altar aufrichten, er müßte dem Tag drei Seiten darbieten, auf verschiedene Weise geschmückt; und sollte ich es darstellen in menschlicher Gestalt, so würde ich ihm drei Gesichter geben: das eine, beinah formlos, würde das gemeine Wort bedeuten: es stirbt, kaum daß es geboren ist; es verliert sich auf der Stelle durch den Gebrauch selbst. Sofort verwandelt es sich in das Brot, das man verlangt, in den Weg, den man dir zeigt, in den Zorn desjenigen, den eine Beleidigung trifft ... Aber das andere Gesicht müßte durch seinen gerundeten Mund einen kristallklaren Strahl ewigen Wassers auswerfen: es besäße die edelsten Züge, das Auge groß und begeistert; der Hals wäre mächtig und geschwellt wie jener, den die Bildhauer den Musen geben.

PHAIDROS

Und das dritte?

SOKRATES

Bei Apollon, wie soll man das darstellen? ... Es müßte fast unmenschliche Züge besitzen, von jener Strenge und zugleich Feinheit, die die Ägypter, wie es heißt, den Gesichtern ihrer Götter mitzuteilen wußten.

PHAIDROS

Mit Recht. Die List, das Rätselhafte, eine fast grausame Genauigkeit, eine unerbittliche und geradezu tierische

Findigkeit; alle Zeichen einer katzenhaften Aufmerksamkeit und einer wilden Geistigkeit sind erkennbar auf den Bildsäulen dieser harten Gottheiten. Die geschickt zubereitete Mischung von Schärfe und Kälte verursacht in der Seele ein Unbehagen und eine eigentümliche Beunruhigung; und diese Ungeheuer von Schweigen und Helligkeit, unendlich ruhig und unendlich wach, steif und doch so, als könnten sie sich einmischen und im nächsten Augenblick schmiegsam sein, erscheinen wie die Intelligenz selbst, als das Tier und das undurchdringlich Tierische, das alles durchdringt.

SOKRATES

Was gibt es Geheimnisvolleres als die Klarheit? . . . Was ist launischer als die Verteilung von Lichtern und Schatten über die Stunden und Menschen? Gewisse Völker verlieren sich in ihren Gedanken, für uns Griechen sind alle Dinge Gestalt. Wir behalten nur die Beziehung, und wie eingeschlossen in diesen klaren Tag erbauen wir ähnlich dem Orpheus mit den Mitteln des Wortes Tempel der Weisheit und der Wissenschaft, die allen vernünftigen Wesen genügen mögen. Diese große Kunst verlangt von uns eine wunderbar genaue Redeweise. Der Name selbst, der sie bezeichnet, ist bei uns zugleich der Name der Vernunft und der Rechenkunst; dasselbe Wort bezeichnet diese drei Dinge.[31] Denn was ist die Vernunft anderes als die Rede selbst, wenn die Bedeutung der Ausdrücke fest begrenzt ist und gesichert in ihrer Dauer und wenn diese unabänderlichen Bedeutungen aneinanderpassen und sich in klarer Weise zusammensetzen? Und nichts anderes ist auch das Rechnen.

PHAIDROS

Wieso denn?

SOKRATES

Unter den Worten sind nämlich auch die Zahlen, die nichts anderes sind als die einfachsten Worte.

PHAIDROS

Aber die anderen Worte, die nicht einfach sind, taugen nicht für das Rechnen?

SOKRATES

Schwerlich.

PHAIDROS

Warum?

SOKRATES

Sie sind getrennt voneinander erschaffen worden; die einen in diesem Augenblick durch dieses Bedürfnis, die anderen unter anderen Umständen. Sie sind nicht aus einer einzigen Bewegung hervorgegangen, durch eine bestimmte Ansicht der Dinge, einen einzigen Wunsch oder eine bestimmte Geistesverfassung. Ihre Gesamtheit eignet sich also nicht für eine besondere Anwendung, und es ist unmöglich, sie in weitgehende und gesicherte Entwicklungen[32] einzuführen, ohne sich in ihren unendlichen Verzweigungen zu verlieren ... Man ist also gezwungen, diese zusammengesetzten Worte zu behauen wie unregelmäßige Blöcke, rechnend mit den Fügungen und Überraschungen, die derartige Bearbeitungen uns bereiten können, und man nennt Dichter die, die das Glück bei dieser Arbeit begünstigt.

PHAIDROS

Du scheinst selbst ganz gewonnen für die Anbetung der Architektur! Du kannst nicht sprechen, ohne bei der großen Kunst eine Anleihe zu machen, bei ihren Bildern oder bei ihrem feststehenden Ideal.

SOKRATES

Ich bin noch ganz durchdrungen von den Aussprüchen des Eupalinos, die du berichtet hast. In mir selbst haben sie etwas aufgeweckt, das ihnen ähnelt.

PHAIDROS

Solltest du einen Architekten enthalten?

SOKRATES

Nichts kann uns verführen, nichts uns anziehen, nichts macht, daß wir die Ohren spitzen oder etwas ins Auge fassen, nichts wird von uns gewählt unter der Menge der Dinge, und nichts erschüttert das Gleichgewicht unserer Seele, was nicht in irgendeiner Weise entweder in unserem Wesen schon vorgebildet wäre oder einer geheimen

Erwartung unserer Natur entspräche. Alles, was wir werden, selbst vorübergehend, war vorbereitet. Es gab in mir einen Architekten, dessen Ausbildung die Umstände nicht vollendet haben.

PHAIDROS

Woran erkennst du das?

SOKRATES

An irgendeiner innersten Absicht zu bauen, die meine Gedanken dunkel beunruhigt.

PHAIDROS

Du hast davon nichts merken lassen, als wir noch waren.

SOKRATES

Ich habe dir gesagt, daß ich geboren wurde als *mehrere* und daß ich gestorben bin als *ein einziger*. Das Kind, das zur Welt kommt, ist eine zahllose Menge, die das Leben reichlich früh einschränkt auf ein einzelnes Geschöpf, eben das, das sich offenbart und stirbt. Eine Anzahl von Sokrates ist mit mir geboren worden, aus der sich nach und nach der Sokrates loslöste, der der Obrigkeit und des Schierlings.

PHAIDROS

Und was ist aus all den anderen geworden?

SOKRATES

Ideen. Sie sind im Zustand von Ideen geblieben. Sie haben verlangt zu sein, und man hat sie abgewiesen. Ich bewahrte sie in mir als meine Zweifel und meine Widersprüche ... Zuweilen sind diese Keime von Personen begünstigt durch die Gelegenheit; dann sind wir sehr nahe daran, unsere Natur zu ändern. Wir finden auf einmal Neigungen in uns und Begabungen, von denen wir nicht ahnten, daß sie in uns seien: der Musiker wird zum Strategen[33], der Steuermann fühlt sich als Arzt, und derjenige, dessen Tugend sich in ihrem eigenen Spiegelbild schätzte, entdeckt in sich einen versteckten Cacus[34] und die Seele eines Diebes.

PHAIDROS

Es ist wahr, gewisse Lebensalter des Menschen sind wie Wegkreuzungen.

SOKRATES

Die Jünglingszeit besonders ist eine merkwürdige Mitte zwischen den Wegen ... Eines Tages in meinen guten Tagen, mein lieber Phaidros, habe ich ein eigentümliches Schwanken erfahren zwischen meinen Seelen. Der Zufall kam, mir das zweideutigste Ding der Welt[35] in die Hände zu legen, und die unendlichen Überlegungen, zu denen es mich veranlaßte, konnten mich ebensogut zu dem Philosophen machen, der ich war, wie zu dem Künstler, der ich nicht gewesen bin.

PHAIDROS

Ein Gegenstand war das, der dich in so verschiedener Art anging?

SOKRATES

Ja. Ein armseliger Gegenstand, ein gewisses Ding, das ich fand im Herumwandern. Es wurde zum Ursprung eines Gedankens, der sich von selbst spaltete in Bauen und Erkennen.

PHAIDROS

Wunderbares Ding! Ding, das sich vergleichen läßt mit der Büchse der Pandora, wo alle Güter und alle Übel beisammen enthalten waren. Laß mich bitte dieses Ding sehen, so wie der große Homer uns den Schild hat bewundern lassen, der dem Sohne des Peleus gehört hat.[36]

SOKRATES

Du kannst dir vorstellen, daß es nicht beschreibbar ist ... Seine Wichtigkeit und die Verlegenheit, die es mir bereitet hat, sind eins.

PHAIDROS

Erkläre dich ausführlicher.

SOKRATES

Nun wohl, Phaidros, die Sache war die: ich ging dicht am Ufer des Meeres die Küste entlang, die ohne Ende schien ... Das ist kein Traum, was ich dir erzähle. Ich ging, ich weiß nicht wohin, übervoll von Leben, halb trunken von meiner Jugend. Die Luft, köstlich rein und hart, legte ein Gewicht wider mein Gesicht und meine Glieder, stellte mir gleichsam einen unfaßbaren Helden gegenüber, den ich besiegen mußte, um weiterzukommen. Und dieser immerfort zurückgestoßene Widerstand machte aus mir selbst bei jedem Schritt einen Helden in der Einbildung, einen Besieger des Windes, dessen Kräfte in unerschöpflichem Reichtum sich erneuerten, der Macht jenes unsichtbaren Gegners immerfort das Gleichgewicht haltend ... Das eben ist die Jugend. Ich lief mit festem Schritt am gewundenen Ufer entlang[37], das verhärtet war und festgestampft von der Flut. Alle Dinge um mich herum waren einfach und rein: der Himmel, der Sand, das Wasser. Ich sah aus den Weiten die großen Gestalten heranstürzen, die vom libyschen Ufer herüberzukommen scheinen mit ihren schimmernden Gipfeln, ihren hohlen Tälern und ihrer unerbittlichen Kraft, von Afrika herüber bis nach Attika über die ungeheure flüssige Fläche. Endlich finden sie ihren Widerstand und den Unterbau von Hellas; sie brechen sich an diesen tiefen Unterlagen, sie fluten zurück in Unordnung zum Ursprung ihres Verlaufs. Sieht man diese Wellen zerstört und aufgelöst, aber wieder ergriffen von denen, die ihnen folgen, könnte man denken, daß die Gestalten der Wogen sich bekämpfen. Zahllose Tropfen zerreißen ihre Ketten, ein schimmernder Staub erhebt sich. Man sieht weiße Reiter sich selbst überspringen, und alle diese Abgesandten des unerschöpflichen Meeres gehen zugrunde und tauchen wieder auf in einem eintönigen Durcheinander auf einer weich und fast unmerklich geneigten Fläche, die ihr ganzer Andrang, obgleich er von dem äußersten Horizont herüberdrängt, niemals völlig zu ersteigen vermöchte ... Hier bildet der Schaum, den die höchste Flut weit von sich geworfen hat, gelbliche und irisierende Flecken, die an der Sonne platzen oder die der Wind packt und zerstreut auf die drolligste Art, wie Tiere, die der heftige[38] Ansprung des Meeres erschreckt hat. Ich aber, ich genoß den Schaum in seinem Entstehen, dem jungfräulichen ... Er ist von eigentümlicher Zartheit, wenn man ihn berührt. Wie laue Milch und dabei voller Luft kommt er mit einer wollüstigen Gewalt und überspült die nackten Füße, tränkt sie, treibt über sie hinaus, gleitet auf sie zurück und stöhnt dabei mit einer Stimme, die den Strand zu fliehen scheint und sich zurückzieht in sich selbst; währenddessen sinkt die menschliche Gestalt, gegenwärtig und lebendig, wie sie ist, ein klein wenig mehr in den Sand ein, der sie mitzuziehen versucht, und die Seele, die sich dieser mächtigen und zarten Musik überläßt, beruhigt sich eigentümlich und geht ihr unaufhörlich nach.

PHAIDROS

Du machst mich wieder lebendig. O Sprache voll Salzgeruch und Worte, die das Meer mitbringen.

SOKRATES

Ich habe mich reden lassen. Die Ewigkeit steht uns zur Verfügung, um über die Zeit zu sprechen. Wir sind hier, um unsere Geister auszuschöpfen in der Art der Danaiden.[39]

PHAIDROS

Aber das Ding?

SOKRATES

Das Ding liegt da auf dem Rand, wo ich ging, wo ich stehengeblieben bin, wo ich dir lange gesprochen habe von einem Schauspiel, das du kennst, genauso gut wie ich, das aber an diesem Ort eine Art Neuheit bekommt, eben dadurch, weil es für immer vorüber ist. Warte, in einigen Worten will ich versuchen zu finden, was ich nicht gesucht habe.

PHAIDROS

Wir sind also immer noch am Ufer des Meeres?

SOKRATES

Notwendigerweise. Diese Grenze Neptuns und der Erde, die immer ein Gegenstand des Streites war zwischen den göttlichen Rivalen, ist der Schauplatz des unheimlichsten und des unaufhörlichsten Verkehrs. Das, was das Meer wieder herauswirft, das, was die Erde nicht zu halten versteht, das rätselhafteste Strandgut; die fürchterlichen Glieder zerrissener Schiffe, schwarz wie Kohle und genau, als ob die salzigen Wasser sie verbrannt hätten; von Schnäbeln furchtbar zerrissene Aase, ganz geglättet von den

Fluten; elastische Gräser, die die Stürme ausgerissen haben auf den durchsichtigen Weideplätzen der Herden des Proteus[40]; eingesunkene Ungeheuer in kalten und absterbenden Farben; alle die Dinge schließlich, die die Fügung dem Tosen der Küsten überläßt und diesem fortwährenden Kampf der Wellen mit dem Ufer, sie werden herbeigetragen und fortgeschleppt; in die Höhe geschleudert und heruntergerissen; ergriffen, losgelassen, wieder ergriffen, je nach Tag und Stunde, traurige Zeugen der Gleichgültigkeit des Schicksals, schändliche Schätze, Spielzeuge einer Wechsellust, die ebenso ausdauernd ist wie ständig . . .

PHAIDROS

Und da hast du gefunden?

SOKRATES

Da. Ich habe eines dieser Dinge gefunden, die das Meer ausgeworfen hat; eine weiße Sache von der reinsten Weiße; geglättet, hart, zart und leicht. Sie glänzte in der Sonne auf dem geleckten Sand, der dunkel scheint, übersät mit Funken. Ich nahm sie; ich blies sie an; ich rieb sie gegen meinen Mantel, und ihre eigentümliche Form unterbrach alle meine übrigen Gedanken. Wer hat dich gemacht, dachte ich. Du erinnerst an nichts, gleichwohl bist du nicht gestaltlos. Bist du ein Spiel der Natur, o du Namenloses, das mir zugekommen ist durch die Götter mitten unter den Abfällen, die das Meer diese Nacht zurückgestoßen hat?

PHAIDROS

Wie groß war denn dieses Ding?

SOKRATES

Groß ungefähr wie meine Faust.

PHAIDROS

Und aus welchem Stoff?

SOKRATES

Der Stoff war genau wie seine Form: Stoff für Zweifel. Vielleicht war das ein Knochenstück von einem Fisch, in seltsamer Weise abgenutzt von dem scheuernden feinen Sand unter den Wassern. Vielleicht ein Stück Elfenbein, zugeschliffen für einen unbekannten Gebrauch von einem Handwerker von jenseits des Meeres. Wer weiß? ... Eine Gottheit vielleicht, untergegangen mit demselben Schiff, das sie bewahren sollte vor dem Untergang? Aber wer war der Urheber davon? Ein Sterblicher, der einer Idee gehorcht, der mit seinen eigenen Händen ein Ziel verfolgt, das dem Stoff, den er angreift, fremd ist? Er schabt ihn, beschneidet ihn oder fügt ihn zusammen; hält an, beurteilt, was er getan hat, und trennt sich schließlich von seinem Werk – irgendwie unterrichtet, daß dieses Werk vollendet sei? ... Oder war es die Arbeit eines lebenden Körpers, der, ohne es zu wissen, an seinem eigenen Stoff schafft, sich blindlings seine Organe formt und seinen Panzer[41], seine Schale, seine Knochen, seine Zangen; der die Nahrung, die er aufnimmt um sich herum, teilnehmen läßt an der geheimnisvollen Erbauung, die ihm eine gewisse Dauer zusichert?

Aber vielleicht handelte es sich nur um die Frucht einer unendlichen Zeit. Durch die ewige Arbeit der Wellen des Meeres kann es geschehen, daß ein Stück Fels, gerollt und geschoben von allen Seiten, wenn seine Zusammensetzung von ungleicher Härte ist und deshalb nicht in Gefahr, sich einfach abzurunden, eine Erscheinung von einer gewissen Bedeutung annimmt. Es ist nicht völlig ausgeschlossen, daß ein Stück Marmor oder Stein, das völlig unförmig der ständigen Erregtheit der Wasser anvertraut worden war, durch einen Zufall anderer Ordnung eines Tages wieder hervorgezogen wird und nun an ein Bildnis Apollos erinnert. Ich meine, daß ein Fischer, der eine gewisse Vorstellung besäße von diesem göttlichen Angesicht, es vielleicht erkennen würde in diesem aus dem Wasser gezogenen Marmorstück; was das Ding selber angeht, so wäre für es das geheiligte Gesicht nichts als eine vorübergehende Form in der Familie der Formen, die die Handlung des Meeres ihm auferlegen sollte. Die Jahrhunderte kosten nichts; wer über sie verfügt, verwandelt, was er will, in was immer.

PHAIDROS

Dann also, teurer Sokrates, wäre die Arbeit eines Künstlers, wenn er unmittelbar in fortgesetztem Willen eine solche Büste (wie die des Apollo) herstellt, in gewisser Weise ein Gegensatz zur endlichen Zeit?

SOKRATES

Ganz gewiß. Sie ist das Gegenteil selbst. Als ob die Handlungen, die durch einen Gedanken erleuchtet werden, den Lauf der Natur abkürzen würden; und man kann ruhig behaupten, daß ein Künstler tausend Jahrhunderte wert ist oder hunderttausend oder noch mehr! – Das will sagen, daß der Zufall oder die Ahnungslosigkeit diese fast unvorstellbare Zeit gebraucht haben würde, um blindlings dieselbe Sache herbeizuführen, die unser Mann in einigen Tagen erreicht hat. Da hast du ein seltsames Maß für ein Werk!

PHAIDROS

Außerordentlich seltsam in der Tat. Es ist ein großes Unglück, daß wir uns seiner nicht bedienen können ... Aber sag mir, was machtest du mit diesem Ding in deiner Hand?

SOKRATES

Ich verharrte einige Zeit und die Hälfte einer Zeit, indem ich es von allen Seiten betrachtete. Ich fragte es aus, ohne mich bei einer Antwort aufzuhalten ... Ob dieses eigentümliche Ding das Werk des Lebens sei oder das Werk der Kunst oder eines der Zeit oder ein Spiel der Natur, ich konnte es nicht entscheiden ... Und dann auf einmal warf ich es zurück ins Meer.

PHAIDROS

Das Wasser kam, du fühltest dich erleichtert.

SOKRATES

Der Geist gibt nicht so leicht ein Rätsel wieder her. Die Seele erreicht ihre Ruhe nicht auf so einfache Weise wie das Meer ... Diese Frage, die da in mir aufgekommen war, der es nicht an Hilfsmitteln fehlte, nicht an Widerhall, weder an Muße noch an Raum in meiner Seele, diese Frage begann zu wachsen, und während mehrerer Stunden bedrängte sie mich. Ich hatte gut Atem holen und köstlich atmen und meine Blicke gewähren lassen auf den schimmernden Herrlichkeiten der Ferne, immerfort fühlte ich mich dabei als der Gefangene meines Gedankens. Alle Beispiele, die die Erinnerung beibrachte, dieser Gedanke versuchte sie zu seinen Gunsten zu gebrauchen. Ich bot ihm tausend Dinge an, denn ich war damals noch nicht so erfahren in der Kunst des Überlegens und des Mich-selber-zum-Narren-Haltens, so daß ich nicht begriff, was man von einer zu jungen Wahrheit auf der Stelle fordern kann und was nicht, von einer Wahrheit, die zu zart ist, um die Strenge eines langen Verhörs auszuhalten.

PHAIDROS

Laß uns ein bißchen bei dieser gebrechlichen Wahrheit bleiben.

SOKRATES

Ich wage kaum, dir diese Unterhaltung anzubieten.

PHAIDROS

Aber du hast sie doch selber vorgeschlagen.

SOKRATES

Ja, ja. Ich dachte mehr Ehre einzulegen mit ihrer Auseinandersetzung. Aber in demselben Maße als ich näher komme und dicht davorstehe, sie auszusprechen, ergreift mich die Scham, und ich fühle eine gewisse Zaghaftigkeit, dir diese einfältige Hervorbringung meines goldenen Zeitalters vorzustellen.

PHAIDROS

Was für eine Eigenliebe! Du vergißt, daß wir Schatten sind ...

SOKRATES

Meine Idee war naiv genug. Lebhaft beunruhigt durch diesen Gegenstand, dessen Natur ich nicht zu erkennen vermochte und der von allen Ordnungen in gleicher Weise angezogen und abgestoßen schien, versuchte ich, dem aufreizenden Bild meines Fundes überhaupt zu entkommen. Wie anders[42] sollte ich das anstellen als auf einem Umweg, durch den ich die Schwierigkeit selbst unendlich vergrößerte? Alles in allem, sagte ich mir, dieselbe Verlegenheit, die dieses Ding mir bereitet, läßt sich denken verursacht durch ein bekanntes Ding. Aber bei diesem, da es bekannt ist, besitzen wir die Frage und die Antwort; oder vielmehr wir besitzen vor allem die Antwort; wissend, daß sie uns sicher ist, vernachlässigen wir, die Frage zu stellen ... Angenommen also, ich betrachte einen durchaus bekannten Gegenstand, ein Haus, einen Tisch, einen Krug, und ich stelle mich eine Weile so, als sei ich ein Wilder, der niemals derartige Gegenstände gesehen hat: ich könnte dann wohl zweifeln, ob das Gegenstände menschlicher Erzeugung sind ... Wäre ich unwissend, wozu diese Dinge dienen mögen, ja, ob sie überhaupt irgend jemandem dienen, und käme dazu, daß niemand mich unterweisen könnte, so müßte ich wohl zu einem Mittel greifen, meinen Geist in bezug auf sie zu beruhigen.

PHAIDROS

Und was hast du dir ausgedacht?

SOKRATES

Das Mittel zu unterscheiden, was von der Natur hervorgebracht ist und was von den Menschen, wurde gesucht, wurde gefunden, ging verloren und fand sich wieder: so blieb ich eine gewisse Zeit auf demselben Platz, und das Auge zögerte unter den verschiedenen Helligkeiten; dann auf einmal setzte ich mich in Bewegung und ging sehr schnell landeinwärts wie einer, dessen Gedanken, nachdem sie lange nach allen Seiten hin und her getrieben worden waren, anfangen sich zurechtzufinden; wenn sie sich dann in einer einzigen Idee zusammenfinden, bringen sie zugleich für seinen Körper den Entschluß einer bestimmten Bewegung und einer entschlossenen Haltung mit sich.

PHAIDROS

Ich kenne das. Ich habe immer bewundert, wie eine Idee, die aufkommt, und wäre es selbst die abstrakteste von der Welt, uns Flügel verleiht und uns irgendwohin trägt. Man liegt fest, plötzlich fährt man wieder[43] los, das heißt denken.

SOKRATES

Und halb laufend schloß ich folgenderweise: ein Baum voller Blätter ist ein Produkt der Natur. Das ist ein Gebäude, dessen Teile die Blätter sind, die Äste, der Stamm, die Wurzeln. Ich setze voraus, daß jeder dieser Teile mir die Idee einer gewissen Zusammengesetztheit gibt. Ich behaupte nun, daß die Gesamtheit eines Baumes zusammengesetzter ist als irgendeiner seiner Teile.

PHAIDROS

Das ist klar.

SOKRATES

Ich bin weit davon, es zu denken, aber ich war achtzehn Jahre, und ich kannte nur Gewißheiten! – Der Baum also, der so und so viele Teile umfaßte, umfaßt und enthält alle ihre verschiedenen Zusammengesetztheiten; ebenso verhält es sich bei einem Tier, dessen ganzer Körper zusammengesetzter ist als sein Fuß oder Kopf, da die Zusammengesetztheit des Ganzen in einem gewissen Sinn besteht aus den Zusammengesetztheiten der verschiedenen Teile.

PHAIDROS

Tatsache ist, mein lieber Sokrates, daß man sich nicht einen Baum als den Teil eines Blattes vorstellen kann oder als den Bestandteil einer Wurzel; ebensowenig wie ein Pferd ein Teil seines eigenen Schenkels sein könnte.

SOKRATES

Ich schloß sofort daraus, daß bei allen Wesen der Grad ihrer Gesamtheit höher anzusetzen ist als der Grad ihrer Einzelheiten; oder vielmehr, daß er gleich sein kann und höher als dieser, aber niemals jenem unterlegen.

PHAIDROS

Dein Gedanke scheint mir klar zu sein; aber diese Gradabstufung sich genau vorzustellen ist schwer.

SOKRATES

Ich habe dir gesagt und wiederholt, daß ich achtzehn Jahre alt war! Ich dachte, so wie ich es damals konnte, an eine Gradeinteilung in bezug auf die Ordnung und die Verteilung der Teile und der Elemente, die zusammenkommen, um ein Wesen zu bilden ... Aber alle die Wesen, von denen ich sprach, gehören zu denen, die die Natur erzeugt. Sie wachsen dergestalt, daß der Stoff, aus dem sie gemacht sind, die Form, die sie annehmen, die Verrichtungen, die sie leisten, und die Mittel, die sie besitzen, um sich mit den Umgebungen und den Jahreszeiten zu vertragen, untereinander auf unsichtbare Art in geheimen Beziehungen stehen, und das ist es wahrscheinlich, was die Worte »von der Natur hervorgebracht« bedeuten.

Was dagegen die Dinge angeht, die das Werk des Menschen sind, so verhält es sich ganz anders. Ihre Struktur ist ... eine Unordnung!

PHAIDROS

Wie ist das möglich?

SOKRATES

Wenn du denkst, fühlst du nicht, wie du ganz heimlich irgend etwas störst; und wenn du einschläfst, fühlst du dann nicht, wie du dieses Etwas sich selbst überläßt?

PHAIDROS

Ich weiß nicht ...

SOKRATES

Tut nichts. Ich fahre fort. Die Handlungen des Menschen, der etwas erbaut oder der eine Sache hervorbringt, kümmern sich nicht um »alle« Eigenschaften des Stoffes, den sie behandeln, sondern nur um einige.[44] Was für unseren Zweck genügt, das geht uns an. Der Redner hat genug mit den Wirkungen der Rede, dem Logiker genügt es, die Beziehungen zu kennen und ihre Folge; und so wie jener die strenge Bildung vernachlässigt, so verzichtet dieser auf allen Schmuck. Und ganz ebenso auf stofflichem Gebiet: ein Rad, eine Tür, eine Kufe verlangen eine bestimmte Festigkeit, ein bestimmtes Gewicht, ganz bestimmte Geschicklichkeiten der Zusammensetzungen und der Arbeiten, und da die Kastanie, die Ulme oder die Eiche dafür gleich geeignet sind (oder fast), so verwendet der Wagenschmied oder der Zimmermann sie ohne Unterschied, und sie sehen höchstens auf die Kosten. Aber du siehst nie in der Natur, daß ein Zitronenbaum

Äpfel hervorbringt, obwohl es für ihn dieses Jahr vielleicht billiger wäre, sie zu machen als Zitronen.

Der Mensch, sage ich dir, schafft durch Abstraktion; einen großen Teil der Eigenschaften dessen, was er verwendet, kennt er nicht oder vergißt er und hält sich nur an einige genaue und bestimmte Bedingungen, die meistens gleichzeitig befriedigt werden können, nicht durch einen einzigen Stoff, sondern durch eine Auswahl mehrerer Arten. Er trinkt Milch oder Wein oder Wasser oder Kräuterbier gleichermaßen aus Gold oder Glas oder Horn oder Onyx; und mag nun das Gefäß breit sein oder schlank, Blattform haben oder Blütenform[45] oder auf seinem Fuß seltsam gewunden sein, der Trinker kümmert sich nur um das Trinken. Selbst der, der diese Schale gemacht hat, könnte nur im groben ihre Substanz, ihre Gestalt und ihre Anwendung untereinander in Beziehung setzen. Denn die intimere Unterwerfung dieser drei Dinge und ihre tiefere Verbindung könnte nur die Natura naturans[46] selber zustande bringen. Der Handwerker ist überhaupt nicht fähig, sein Werk zu schaffen, ohne irgendeine Ordnung zu verletzen oder zu zerstören, durch eben die Kräfte, die er an den Stoff wendet, um ihn für die Idee, der er folgt, geeignet zu machen und nützlich für den Gebrauch, den er beabsichtigt. Er ist also unvermeidlich gezwungen, Gegenstände hervorzubringen, deren Ganzheit einen Gradwert besitzt, der geringer ist als der Gradwert ihrer Teile. Er macht einen Tisch, und die Zusammensetzung dieses Möbels ist eine Anordnung, weniger zusammengesetzt als die Anordnung der Fasern im Holz; und er fügt in grober Weise in einer fremdartigen Ordnung die Stücke eines großen Baumes zusammen, die sich gebildet und entwickelt hatten unter ganz anderen Beziehungen.

PHAIDROS

Mir fällt ein merkwürdiges Beispiel für diese Unordnung ein.

SOKRATES

Welches Beispiel?

PHAIDROS

Die Ordnung, die wunderbare Ordnung, die die Kunst des Strategen den Individuen auferlegt, wenn man sie abrichtet, in Reihen zu dienen. Erinnerst du dich, Sokrates, jener Tage, die hingingen mit dem Ausrichten, dem Aufstellen in Massen oder Fronten, wenn die Jugend gewöhnt wird an den militärischen Gehorsam und die Einstimmigkeit in der Aktion?

SOKRATES

Beim Herkules, ich war Soldat und ein guter Soldat.

PHAIDROS

Also diese langen Linien, die von Lanzen starrten, die furchtbare Breite dieser Phalanxstellungen, diese Rechtecke von Waffen, die wir in den staubigen Ebenen bildeten, waren das nicht sehr einfache Figuren, während doch jedes ihrer Elemente der zusammengesetzteste Gegenstand der Welt war, der Mensch? Und es gab sogar unter diesen Menschen die Sokrates, die Phidias, die Perikles und die Zenon[47], wunderbare Elemente, deren Zusammengesetztheit die der gewöhnlichen Menschen ist, vermehrt um die Menge der möglichen Welten, die sie in ihrem Geiste tragen.

SOKRATES

Dein Beispiel ist nicht schlecht. Ich erinnere mich, daß ich manchmal meine Vernunft zusammennehmen mußte, um meine reiche und vielfältige Seele dazu zu bringen, die Rolle einer einfachen Einheit und eines nicht zu unterscheidenden[48] Teils innerhalb einer Armee zu übernehmen. Du siehst also, daß Ordnung und Unordnung, in angemessener Weise gehandhabt, eine Menge Dinge erklären oder wenigstens einander näherrücken.

PHAIDROS

Ich sehe, daß dein jugendliches Genie, in Bewegung gesetzt durch jenen am Meeresstrand gefundenen Gegenstand, den jeder andere ohne Beachtung gelassen haben würde, sich sofort erhob zur Betrachtung einer sehr wichtigen und überaus einfachen Unterscheidung. Du hast aus dem geringfügigsten Vorfall den Gedanken gezogen, daß die menschlichen Schöpfungen zurückzuführen sind auf den Widerstreit zwischen zwei verschiedenen Arten von Ordnung, wo die eine, die natürlich ist und gegeben, die andere aushält und erträgt, nämlich die Handlung, die den Bedürfnissen und Wünschen des Menschen entspricht.

SOKRATES

Ich habe das geglaubt. Der Mensch bedarf nicht der ganzen Natur, sondern nur eines Teils von ihr. Philosoph heißt derjenige, der sich eine ausgedehntere Idee macht und Anspruch erhebt, alles zu brauchen. Aber der Mensch, der nur leben will, hat weder Eisen noch Erz »an sich« nötig; ihm genügt eine bestimmte Härte und eine bestimmte Formbarkeit. Er ist gezwungen, sie zu nehmen, wo er sie findet, das heißt bei einem Metall, das außerdem andere Eigenschaften hat, die für den Moment gleichgültig sind ... Er sieht nur sein Ziel. Will er einen Nagel einschlagen, so schlägt er ihn mit einem Stein oder einem Hammer, der aus Eisen ist oder aus Bronze oder selbst aus sehr hartem Holz; und er schlägt ihn mit kleinen Schlägen ein oder mit einem einzigen stärkeren Schlag oder manchmal mittels eines Druckes; was liegt ihm daran? Das Ergebnis ist das gleiche, der Nagel ist drin. Aber wenn man nicht gleich dem Faden der Handlung nachgeht, wenn man die einzelnen Umstände betrachtet, so scheinen diese Vorgänge völlig verschieden und wie Erscheinungen, die keinen Vergleich untereinander aushalten.

PHAIDROS

Ich verstehe jetzt, wie du hast zögern können zwischen Bauen und Erkennen.

SOKRATES

Man hat die Wahl, ein Mensch zu sein oder ein Geist. Der Mensch kann nur handeln, weil er imstande ist, nicht zu wissen, und sich befriedigen kann mit einem Teil des Wissens[49], das seine kuriose Eigentümlichkeit ausmacht, eines Wissens, das übrigens größer ist, als es sollte!

PHAIDROS

Immerhin, es ist dieser kleine Überschuß, der uns zu Menschen macht.

SOKRATES

Menschen? ... Glaubst du denn, die Hunde sehen die Sterne nicht, obwohl sie nichts mit ihnen anzufangen wissen? Es müßte ihnen genügen, wenn ihr Auge die irdischen Dinge sähe, aber es ist nicht so genau der reinen Nützlichkeit angepaßt, daß es nicht zugleich die Himmelskörper wahrnähme und die majestätische Anordnung der Nacht.

PHAIDROS

Sie bellen ja auch unermüdlich wider den Mond.

SOKRATES

Und die Menschen, strengen sie sich nicht auf tausenderlei Arten an, die ewige Stille dieser ungeheuren Räume, die sie erschreckt, zu erfüllen oder zu brechen?[50]

PHAIDROS

Dein eigenes Leben hat sich darüber aufgebraucht! ... Ich aber, ich kann mich nicht trösten über den Tod dieses Architekten, der in dir war und den du umgebracht hast, indem du über dem Bruchstück einer Muschel dich zu sehr vertieftest. Bei deiner Tiefe und deinem unerhörten Scharfsinn, Sokrates, würdest du unsere berühmtesten Baumeister weit hinter dir gelassen haben. Weder Iktinos noch Eupalinos von Megara, noch Chersiphron aus Knossos oder Spinthanos von Korinth[51] wären imstande gewesen, mit dem Athener Sokrates zu wetteifern.

SOKRATES

Ich bitte dich, Phaidros! ... Der zarte Stoff, aus dem wir bestehen, erlaubt uns nicht zu lachen; ich fühle, daß ich lachen müßte, aber ich kann nicht ... Hör auf also.

PHAIDROS

Aber im Ernst, Sokrates, was hättest du getan als Architekt?

SOKRATES

Was weiß ich? ... Ich sehe nur, wie ich ungefähr meine Gedanken gelenkt haben würde.

PHAIDROS

Lenke sie nun wenigstens bis an die Schwelle des Gebäudes, das du nicht gebaut hast.

SOKRATES

Dafür genügt es, daß ich diese Art Träumerei, die ich da eben vor dir begann, in meinen Erwägungen weiter fortsetze.

Wir haben gesagt – oder doch ungefähr –, daß alle sichtbaren Dinge hervorgehen aus drei verschiedenen Arten der Zeugung oder der Erschaffung, die übrigens sich miteinander mischen und einander durchdringen ... Die einen machen vor allem den Zufall offenbar, wie das der Fall ist bei einem Felsstück oder bei einer ganzen, nicht weiter gewählten Landschaft, die da und dort bevölkert erscheint durch ihr Wachstum. Die anderen, wie die Pflanze selbst oder das Tier oder ein Stück Salz, dessen rötliche Flächen sich auf geheime Weise aneinandersetzen, lassen ein gleichzeitiges, sicheres und blindes Wachstum erkennen innerhalb einer Zeitdauer, in der sie als Kraft enthalten scheinen. Man könnte denken, das, was sie sein werden, warte das ab, was sie gewesen sind; und es sieht so aus, als ob sie wüchsen in Einklang mit ihrer Umgebung[52] ... Schließlich gibt es dann die Werke des Menschen, die in einer gewissen Weise durch diese Natur und durch diesen Zufall hindurchgehen; sie bedienen sich ihrer, aber sie vergewaltigen sie zugleich und werden auch ihrerseits vergewaltigt, so wie wir es eben festgestellt haben.

Der Baum erbaut nicht seine Äste und seine Blätter, ebensowenig wie der Hahn seinen Schnabel und seine Federn. Aber der Baum und alle seine Teile, der Hahn und alle die seinigen sind erbaut von den Grundgesetzen selbst, die nicht von der Erbauung abtrennbar sind. Das, was wirkt, und das, was bewirkt wird, läßt sich nicht trennen; so verhält es sich mit allen lebenden Körpern oder den sozusagen Lebendigen, wie den Kristallen. Sie werden nicht durch bestimmte Handlungen hervorgebracht, noch kann man ihre Entstehung erklären durch einen Zusammenhang von solchen Handlungen, denn die Handlungen setzen schon ein Lebendiges voraus.

Ebensowenig kann man sagen, daß sie spontan entstünden[53] – dieses Wort ist nichts als ein Geständnis der Ohnmacht.

Übrigens wissen wir, daß tausend Dinge nötig sind in ihrer Nachbarschaft, damit diese Wesen seien. Sie hängen von allen Dingen ab, obwohl das Zusammenwirken aller Dinge an sich selbst unfähig erscheint, sie hervorzubringen.

Was aber die Gegenstände angeht, die vom Menschen gemacht sind, so verdankt man sie dem Akt eines Gedankens.

Hier sind die Grundsätze getrennt von der Erbauung, ja sie werden dem Stoff wie durch einen fremden Tyrannen auferlegt und durch seine Handlung auf ihn übertragen. Die Natur, wenn sie arbeitet, unterscheidet die Einzelheiten nicht von der Gesamtheit; sie drängt von allen Seiten zugleich, verknüpft sich mit sich selbst ohne Versuche, ohne Rückwege, ohne Vorbilder, ohne eine bestimmte Absicht, ohne Rückhalt; bei ihr ist der Plan nicht getrennt von der Ausführung; sie geht nie geradeaus und ohne Rücksicht auf die Widerstände, sondern sie verhandelt mit ihnen, mischt sie in ihre Bewegung ein, dreht sie um oder nimmt sie in Gebrauch; so, als ob der Weg, den sie wählt, die Sache, die diesen Weg benutzt, die Zeit, die dabei hingeht, und die Schwierigkeiten, die sich entgegenstellen, als ob das alles aus dem gleichen Stoff wäre. Wenn ein Mensch seinen Arm bewegt, so kann man den Arm von der Gebärde unterscheiden; zwischen der Gebärde und dem Arm besteht die Beziehung einer bloßen Möglichkeit. Aber auf seiten der Natur ist es unmöglich, die Gebärde des Arms vom Arm selbst zu trennen.

PHAIDROS

Bauen hieße demnach Schaffen nach getrennten Grundsätzen?

SOKRATES

Ja, es ist Sache des Menschen, in zwei Zeiträumen zu

schaffen, davon der eine abläuft im Gebiet der reinen Möglichkeit, im Schoße jenes feinen Stoffes, der alle Dinge nachzuahmen vermag und imstande ist, Verbindungen ohne Ende herzustellen. Der andere Zeitraum ist der der Natur. Er umfaßt, wenn man so will, den ersteren, ist aber unter anderem Gesichtspunkt auch wieder in ihm enthalten. Unsere Handlungen nehmen an beiden Zeiträumen teil. Der Plan ist völlig abgetrennt von der Handlung und diese wieder vom Ergebnis.

PHAIDROS

Aber wie ist diese Abtrennung zu verstehen, und wie kommt man auf ihre Regeln?

SOKRATES

Sie sind nicht immer so unterscheidbar, wie ich behauptet habe, und übrigens unterscheiden nicht alle Menschen sie in der gleichen Weise. Aber eine sehr einfache Grundüberlegung genügt, um davon eine Idee zu geben. Der Mensch unterscheidet drei große Dinge in dem Ganzen: er entdeckt seinen Körper, er entdeckt seine Seele; und dann gibt es alles übrige in der Welt.[54] Unter diesen Dingen entwickelt sich ein unaufhörlicher Verkehr, manchmal kommt es sogar zu einem Durcheinander, aber immer nach einer gewissen Zeit heben sich diese drei Dinge wieder ganz scharf voneinander ab. Ihre Mischung ist, scheint es, ohne Dauerhaftigkeit, und diese Abtrennung muß sich notwendigerweise von Zeit zu Zeit wieder herausstellen.

PHAIDROS

Ein schlafender Mensch hält manchmal sein Bein für einen Stein, und seine Ruhe erscheint ihm wie eine Bewegung. Was ein Wunsch ist in ihm, stellt sich dar wie ein Licht, der Lärm seines eigenen Blutes erfüllt ihn wie eine geheimnisvolle Stimme; fühlt er plötzlich sein eigenes Gesicht, weil eine Fliege es gestreift hat, so hat er die Erscheinung einer fürchterlichen Grimasse, die ihn verfolgt ... Aber freilich, das alles kann nicht von Dauer sein; er erwacht und wirft sofort das Vergangene weit fort von seinem Körper, es bleibt seiner Seele vorbehalten. Er teilt sofort alle Dinge wieder ein und stellt sich wieder her nach seinen Grundsätzen.

SOKRATES

Es ist also vernünftig zu denken, daß die Schöpfungen des Menschen entweder im Hinblick auf diesen Körper gemacht sind, und diesen Grundsatz nennt man die *Nützlichkeit*, oder im Hinblick auf seine Seele, und hier handelt es sich um das, was man unter dem Namen *Schönheit* meint. Anderseits aber muß der, der baut oder schafft, da er es mit dem Rest der Welt zu tun hat und mit der Bewegung in der Natur, die immerfort bemüht sind aufzulösen, zu verderben und umzustürzen, was er hervorbringt – ich sage, er muß ein drittes Prinzip anerkennen und muß versuchen, dieses seinen Werken mitzuteilen als einen Ausdruck des Widerstands, den sie ihrem vergänglichen Geschick entgegensetzen sollen. Er sucht also den *Bestand* oder die *Dauer*.

PHAIDROS

Das wären allerdings die großen Kennzeichen eines vollkommenen Werks.[55]

SOKRATES

Nur die *Architektur* erfordert sie und bringt sie zu ihrer höchsten Entfaltung.

PHAIDROS

Ich sehe in ihr auch die vollkommenste aller Künste.

SOKRATES

So zwingt uns also der Körper, das zu wünschen, was nützlich ist oder einfach bequem; die Seele fordert von uns das Schöne; der Rest der Welt aber, in seinen Gesetzen sowohl wie in seinen Zufällen, verpflichtet uns, jedes Werk auf seinen Bestand zu betrachten.

PHAIDROS

Aber diese Grundsätze, so verschieden im Ausdruck, den du ihnen verleihst, sind sie nicht tatsächlich immer miteinander vermischt? Es schien mir manchmal, als ob ein Eindruck der Schönheit einfach aus der Genauigkeit hervorginge; und zuweilen entstand etwas wie Wollust durch die bloße, oft wunderbare Übereinstimmung eines

Gegenstandes mit der Funktion, die er erfüllen soll.[56] Es kann geschehen, daß die vollkommene Beschaffenheit dieser Eignung in unseren Seelen das Gefühl erzeugt, als ob zwischen dem Schönen und dem Nützlichen eine Verwandtschaft bestände; und die Leichtigkeit oder schließliche Einfachheit des Ergebnisse, gemessen an der vielfältigen Schwierigkeit der Aufgabe, sind imstande, uns eine Art Begeisterung einzuflößen. Die Eleganz, auf die wir nicht gefaßt waren, hat etwas Berauschendes. Nichts in diesen glücklichen Erzeugnissen, was nicht der Nützlichkeit diente: sie scheinen genau nur das zu enthalten, was nötig war, um die Wirkung hervorzubringen, die gemeint war; aber man fühlt, daß beinah ein Gott nötig war, damit das so rein gelänge. Es gibt herrliche Werkzeuge, seltsam klar in ihrer Art und sauber wie Knochen, und genau wie diese warten sie nur auf Handlungen und Kräfte, nichts sonst.

SOKRATES

Die haben sich selbst gemacht sozusagen; jahrhundertelanger Gebrauch hat notwendig die beste aller Formen herausgefunden. Eine unendliche Ausübung gelangt eines Tages ans Ideal und bleibt dabei stehen. Tausende von Versuchen von Tausenden von Menschen führen langsam zu der sparsamsten und sichersten Gestalt: ist diese einmal erreicht, so ahmt jeder sie nach, und die Millionen dieser wiederholten Formen antworten gewissermaßen nach rückwärts den Myriaden von Versuchen und verdecken sie. Das läßt sich feststellen bis in die so launenhafte Kunst der Dichter und gilt nicht nur für den Stoff des Stellmachers oder Goldschmieds ... Wer weiß, Phaidros, ob nicht sogar die Anstregung der Menschen in ihrer Suche nach Gott, die kultischen Übungen, die Versuche zu beten, der eigensinnige Wille, die wirksamsten Gebete zu erfinden ... wer weiß, ob die Sterblichen schließlich auf diese Weise nicht eine Gewißheit entdecken werden – oder eine Ungewißheit, aber eine beständige, die ganz ihrer Natur angemessen ist – wenn nicht sogar derjenigen des Gottes?

PHAIDROS

Es gibt auch Aussprüche, so kurz, einige nur aus einem einzigen Wort bestehend, aber so erfüllt, und die in ihrer knappen Energie auf alles eine so tiefe Antwort geben, daß es den Anschein hat, als ob Jahre innerer Auseinandersetzungen und geheimer[57] Fortlassungen sich in ihnen zusammenzögen. Sie sind eins und entscheidend wie königliche Taten. Die Menschen werden lange leben von diesen paar Worten! ... Und die Geometer, glaubst du nicht, daß es bei ihnen hier besondere Bemühungen gibt und wundervolle Beispiele für diese strenge Gattung von Schönheit?

SOKRATES

Freilich, sie haben nichts Kostbareres! – Jedes besondere Ziel, das sie verfolgen, wird erstrebt durch eine Annäherung an die allgemeinsten Wahrheiten. Es sieht zunächst so aus, als ob sie sie ganz ohne Hintergedanken verbinden und zusammenstellen würden. Sie verstecken ihr Vorhaben, sie verbergen ihre eigentliche Absicht. Man sieht zuerst nicht, wo sie hinauswollen ... Wozu diese Linien ziehen? Warum an diesen Lehrsatz erinnern? ... Weshalb das und nichts anderes? – Das Problem, das auf dem Spiel stand, kommt gar nicht mehr zur Sprache. Man könnte denken, sie hätten es vergessen und verlören sich in der Ferne der Ableitungen ... Aber plötzlich fällt eine einfache Bemerkung. Der Vogel stürzt aus den Wolken, die Beute liegt vor ihren Füßen; und während wir uns noch fragen, was sie eigentlich vorhaben, sehen sie schon lächelnd zu uns auf!

PHAIDROS

Mit Verachtung.

SOKRATES

Diese Art Künstler hat keinen Grund, bescheiden zu sein. Sie haben ein Mittel gefunden, in unentwirrbarer Weise das Notwendige mit dem Kunststück zu verknüpfen. Sie erfinden Handgriffe und Gaukeleien, die sich ausnehmen wie eine Taschenspielerei des Verstandes. Die größte Freiheit geht aus der größten Strenge hervor. Was aber ihr

Geheimnis angeht, so ist es bekannt genug. Sie setzen an Stelle der Natur, gegen die die übrigen Künstler ihre Anstrengungen richten, eine andere Natur, mehr oder weniger abgezogen von der ersten, die aber den Vorzug hat, daß alle ihre Formen und Wesen nichts anderes sind als Handlungen des Geistes; genau bestimmte Handlungen, deren Erhaltung durch ihre Namen gesichert ist. Auf diese wesentliche Art erbauen sie Welten, die in sich selbst vollkommen sind und sich zuweilen von der unsrigen so weit entfernen, daß sie unvorstellbar werden; zuweilen aber auch kommen sie so nah, daß sie teilweise mit der Wirklichkeit zusammenfallen.

PHAIDROS

Und es kommt vor, daß ihre Theorien zuweilen, wenn sie am äußersten angekommen sind, Waffen liefern für die praktische Anwendung ...[58]

SOKRATES

Diese große Ausdehnung ihrer Macht ist der Triumph jener Bauweise, von der ich dir gesprochen habe.

PHAIDROS

Nach getrennten Grundsätzen?

SOKRATES

Nach getrennten Grundsätzen.

PHAIDROS

Ich verstehe nun recht gut diese Grundsätze und ihre Trennung auf dem Gebiet der Spekulation; aber das Wirkliche, läßt es auch derartige Unterscheidungen zu?

SOKRATES

Nicht so leicht. Alles, was fühlbar ist, besteht sozusagen auf mehrere Arten. Alles Wirkliche läuft in Reihenfolgen ab und erfüllt tausend Funktionen[59]; es bringt viel mehr Eigentümlichkeiten und Folgen mit sich, als ein Akt des Gedankens umfassen kann. Aber in einzelnen Fällen und für eine gewisse Zeit unterwirft sich der Mensch dieser vielfältigen Wirklichkeit und überwindet sie ein wenig.

PHAIDROS

Ich habe ähnliches am Piräus gehört. Eine sehr scharfe Zunge sprach Behauptungen aus, die sich wenig unterschieden von diesen hier. Sie versicherte geradezu, man müsse die Natur überlisten; ja nach den Umständen sie nachahmen, um sie zu überwältigen, sie mit sich selbst in Zwiespalt bringen und ihr die Geheimnisse entreißen, die sich dann gegen ihr eigenes Mysterium wenden würden.

SOKRATES

Du hast, scheint's, eine ganze Menge Eupalinos gekannt?

PHAIDROS

Ich bin freilich neugierig, Leute vom Handwerk zu kennen. Ich suche eifrig nach Leuten, bei denen Ideen und Handlung sich untereinander klipp und klar befragen und antworten. Mein Weiser vom Piräus war ein Phönizier von einer seltsamen Vielseitigkeit. Er war erst Sklave auf Sizilien. Aus einem Sklaven wurde er auf geheimnisvolle Weise Eigentümer einer Barke; vom Seemann brachte er es zum Kalfaterer. Des Gewerbes müde, ließ er die alten Rümpfe im Stich für neue und wurde Schiffsbauer. Seine Frau hielt eine Hafenwirtschaft, ein paar Schritte von seiner Werft. Ich habe keinen Sterblichen gesehen, der über so verschiedene Mittel verfügte und über eine so listige Geriebenheit; keinen, der neugieriger gewesen wäre auf das, was ihn nichts anging, aber auch geschickter in den Dingen, die ihn wirklich betrafen ... Er betrachtete alle Dinge unter dem Gesichtswinkel der praktischen Ausführung und der dazu geeigneten Mittel. Selbst Laster und Tugend waren ihm Beschäftigungen, die ihre Zeit haben und ihre besonderen Reize, und die je nach Gelegenheit in Verwendung kommen. »Manchmal«, sagte er, »segelt man gegen den Wind und manchmal mit ihm. Die Hauptsache ist, segeln zu können.«

Ich kann mir vorstellen, wie er Menschen gerettet hat in den Gefahren des Meeres, um andere gelegentlich umzubringen bei den Auseinandersetzungen, zu denen es in Hafenschenken kommt, und bei den Geschäften zwischen Seeräubern. Aber das alles gut ausgeführt.

SOKRATES

Ich fürchte sehr, sein Schatten möchte irgendwo bei Ixion sein![60]

PHAIDROS

Ach, er wird sich aus der Schlinge gezogen haben. Er hat nie den Kopf verloren. Er wiederholte sich jeden Augenblick: aushalten, aushalten! ... Was für ein Kerl war das! Niemals ein Bedauern, niemals ein Vorwurf, niemals eine Reue oder ein Wunsch ... Ganz Handlung und das Geld auf den Tisch.

SOKRATES

Wie kommt diese Bestie in unsere Untersuchung?

PHAIDROS

Du wirst gleich sehen, wie er uns zur Hand geht. Wisse also, mein köstlicher Sokrates, daß er die feinsten und tiefsten Ohren besaß, die je an einem Schädel gesessen haben. Alles, was in diese buschigen Labyrinthe eindrang, wurde zur Beute eines eigentümlichen, gierigen Ungeheuers. Das Tier, das in dieser festen Muschel wohnte, wurde fett von allen den genau eingenommenen Dingen. Ich weiß nicht, wie viele Sprachen, wie viele Rezepte es verdaut hatte, wie viele verschiedenartige Weisheiten es verwandelt hatte in einen fein gewählten Stoff! Wie viele andere Gehirne hatte es ausgesogen! Ich konnte es mir nur vorstellen, umgeben von Trümmern und von den leeren Schalen von tausend ausgenommenen Geistern!

SOKRATES

Aber du malst mir da einen Polypen!

PHAIDROS

Ja, aber einen Polypen, der in den bevölkerten Wassern seine Wahl trifft, losfährt und in der Tiefe der Welle seine Peitsche schwingt, und der mit schwindelnder Geschwindigkeit das, was ihm paßt, sich aneignet. Ist der nicht ein Lebewesen hundertmal lebendiger als ein solches festsitzendes Schwammgeschöpf? Wie viele Schwämme haben wir gekannt, die ein für allemal an den Säulenhallen in Athen festsaßen und ohne Anstrengungen die Meinungen, die um sie herumfluteten, in sich einsogen und wieder ausschieden. Schwämme in einem Meer von Worten, durchdrungen von einem Durcheinander aus Sokrates, Anaxagoras, Melissos[61] und dem letzten, der gerade gesprochen hat! ... Die Schwämme und die Dummköpfe haben das gemeinsam, daß sie festsitzen, o Sokrates!

Mein Sohn des Meeres aber, eines der eigentümlichsten Kinder der dröhnenden Hure, die ewig die Männer lockt, er hatte sich genau das angeeignet und angeglichen, was gerade für ihn das beste war. Hervorgegangen aus den erstaunlichsten Abenteuern und aus wirklich wunderbaren Fischzügen, von den verschiedensten Klimaten gebleicht, geschwärzt und vergoldet, der mit seinen eigenen Augen Meteorsteine gesehen hatte, die fast niemals vorkommen, und die schlauesten Fische überlistet hatte; den geriebensten Kaufleuten überlegen, fähig, die Unzuverlässigsten hereinzulegen, und der, was die Löhnungen angeht, im Geben und Nehmen mit den schärfsten Dirnen gefeilscht hatte – dieser Mensch, wirst du es für möglich halten, wenn er aus allen Gefahren wiederkam, ging, sich herausholend aus den gemeinsten Ausschweifungen, zu den gelehrtesten Leuten, zu den Weisen, für die er eine wahre Verehrung besaß.

SOKRATES

Wo hat er die her gehabt?

PHAIDROS

Vom Meer. Dort draußen, wenn man weit vom Land fort ist, wenn das Schiff verlassen ist wie ein Blinder auf dem Dach eines Hauses, kann es geschehen, daß ein Rat, wie ihn die Weisen geben, plötzlich zum Zeichen der Rettung wird. Ein Wort des Pythagoras, eine Vorschrift oder eine Zahl des Thales[62] die man behalten hat, können dich plötzlich zum Leben zurückführen, wenn ein Planet sich zeigt, und wenn man genug kaltes Blut behalten hat.

SOKRATES

Aber du selbst, wo führst du mich eigentlich hin?

PHAIDROS

Ich wollte dich führen vor die Bauten aus Holz, die der Phönizier herstellte; da mußte ich dir den Mann zeigen vor allem ... Wenn du ihn ein einziges Mal gesehen hättest mit seinen rotumränderten Augen, die etwas hatten von dem kupferfarbenen Meergrund unter dem glühenden Meer, auf dem man den grünen Fisch findet, den zu essen Gefahr bringt! ... Aber wir sprachen, teurer Sokrates, von der Verbindung von Praxis und Theorie.[63] Ich meinte dich fühlen zu lassen, bis zu welchem Grade die Wechselfälle des Lebens, die Lektionen, die er teuer bezahlt hatte, und die, die Weise ihm verabreicht hatten, sich in seinem Geiste ergänzten. Dieser kühne Phönizier ließ nicht ab, in seiner Seele das Problem der Schiffahrt zu bewegen. In sich selbst bewegte er unaufhörlich den Ozean. Was kann der Mensch entgegenstellen dieser unbeständigen Welt, die von weit her beeinflußt wird von den Sternen, über die die flüssigen Abgründe und die durchscheinendsten Gebirge hinstürzen, die ungewiß ist an ihren Ufern und unbekannt in ihrer Tiefe; diesem Ursprung alles dessen, was lebt, der zugleich eine undurchdringliche Gruft ist, die sich schaukelt mit Bewegungen einer Wiege unter einer Decke von Licht? – Sein unternehmender Daimon drängte ihn, die besten Schiffe zu machen, die jemals mit ihrem Kiel die Wellen geteilt hatten. Und während seinesgleichen sich darauf beschränkte, die gebräuchlichen Modelle zu wiederholen und von Kopie zu Kopie immer wieder das Schiff des Odysseus zu bauen, wenn nicht gar die unvordenkliche Arche des Jason[64], hörte er, dieser Triton der Sidonier[65], nicht auf, in die unerforschten Teile seiner Kunst vorzudringen, zu zerschlagen, was er an versteinerten Ideenverbindungen vorfand, immer wieder auf die Quelle zurückgehend ...

SOKRATES

Die Mehrzahl, lieber Phaidros, geht mit Begriffen[66] um, die nicht nur »vorgefertigt«[67] zu haben sind, sondern die eigentlich niemand verfertigt hat. Keiner ist für sie verantwortlich, und so dienen sie aller Welt schlecht und recht.

PHAIDROS

Er aber, sage ich dir, hatte sich ganz persönliche Einsichten entwickelt.

SOKRATES

Das sind die einzigen, die Anspruch erheben dürfen auf Allgemeinheit ...

PHAIDROS

Er stellte sich leidenschaftlich die Natur der Winde und der Wasser vor, die Beweglichkeit und den Widerstand in diesen Flüssigkeiten. Er dachte nach über die Entstehung von Sturm und Windstillen; den Verlauf von lauen Strömungen und jener Ströme, die, ohne daß etwas in sie eindringt, ihre geheimisvolle Reinheit erhalten zwischen Mauern salzigen Wassers; er betrachtete die Launenhaftigkeit und das Nachgeben der Brisen; die Unsicherheit des Grundes und der Durchfahrten, die trügerischen Verschiebungen an den Mündungen.

SOKRATES

Bei Gott! Wie war er imstande, aus alledem ein Schiff zu machen?

PHAIDROS

Er glaubte, ein Schiff müsse gewissermaßen geschaffen sein aus der Kenntnis vom Meer und beinah geformt von der Welle selbst! ... Aber diese Kenntnis besteht in Wahrheit darin, daß man das Meer in unseren Überlegungen ersetzt durch die Wirkungen, die es auf einen Körper ausübt – so daß es sich für uns darum handelt, die anderen Wirkungen zu finden, die diesen hier sich entgegenstellen, und daß wir es eigentlich nur noch zu tun haben mit einem Ausgleich der verschiedenen Vermögen[68], die einen wie die anderen aus der Natur stammend, wo sie sich unnütz bekämpft hatten. Aber unser eigenes Vermögen[69] dabei beschränkt sich darauf, mit Formen und Kräften zu schalten. Triton sagte mir, er stelle sich ein Schiff vor, aufgehängt an dem einen Arm einer großen Waage, während der andere Arm eine Menge Wasser trüge ... Aber ich weiß nicht recht, was er damit sagen wollte ... Das aufgewühlte[70] Meer begnügt sich ja auch nicht mit diesem Gleichgewicht. Durch die Bewegung wird alles kompliziert. Er suchte also die Form eines Schiffsrumpfes, dessen Kiel ungefähr der gleiche blieb und mit der das Schiff von einer Seite nach der anderen schwankte – oder tanzte auf andere Art um irgendeine Mitte ... Er zeichnete seltsame Figuren, die ihm versichtbarten, für ihn allein, die geheimnisvollen Eigenschaften seines Fahrzeugs. Was mich angeht, so hatte ich Mühe, ein Schiff darin überhaupt zu erkennen.

Ein anderes Mal studierte er den Gang und die Geschwindigkeit, schwankte zwischen Hoffnung und Verzweiflung, jene Vollkommenheit zu erreichen, die die schnellsten Fische besitzen. Vor allem beschäftigten ihn die, die leicht an der Oberfläche schwimmen und im Schaum spielen zwischen zwei Tauchversuchen. Er konnte mit der Unerschöpflichkeit eines Dichters von den Thunfischen sprechen oder den Meerschweinen, unter deren Sprüngen und Ausgelassenheiten er so lange gelebt hatte. Er besang geradezu ihre großen Körper, die geglättet waren wie Waffen; ihre Mäuler, die zerdrückt waren von der Masse Wassers, die ihrer Bewegung entgegenstand; von ihren Rückenflossen und denen, mit denen sie schwimmen, die fest waren wie Eisen und ebenso schneidend, dabei aber doch empfindlich für ihre Fischgedanken und geeignet, sie, wie es ihnen einfiel, in ihrem Schicksal zu lenken; und dann ihre lebendige Meisterschaft mitten in Stürmen! Man hatte den Eindruck, als empfände er an sich selbst, wie ihre dafür günstigen Formen fähig waren, vom Kopf zum Schwanz auf dem schnellsten Wege das Wasser, das vor ihnen war, zu leiten, und das man, um vorwärts zu kommen, hinter sich werfen muß ... Das ist etwas Wunderbares, o Sokrates, daß einerseits, wenn jeder Widerstand fehlt, der deinen Lauf verhindern könnte, dein Lauf überhaupt unmöglich wird; alle Anstrengungen, die du hervorbringst, heben sich gegenseitig auf, du bist außerstande, dich nach einer Seite zu werfen, ohne daß du mit gleicher Gewalt nach der anderen dich zurückwirfst. Anderseits aber, ist einmal der notwendige Widerstand da, so arbeitet er gegen dich. Er trinkt deine Müdigkeit auf und tritt dir mit einem gewissen Geiz etwas Raum ab in der Zeit. Hier ist der Punkt, wo die Wahl einer Form der heikle Akt eines Künstlers ist, denn von der Form hängt es ab, soviel von dem Widerstand zu nehmen, als es braucht, um vorwärts zu kommen, aber eben nur das zu nehmen, was das Bewegliche am wenigsten hindert.

SOKRATES

Ja, aber kann man denn nicht so ein Meerschwein oder so einen Thunfisch einfach nachahmen und die Natur unmittelbar plündern?

PHAIDROS

Ich war einfältig genug, es zu glauben. Triton hat mich aufgeklärt.

SOKRATES

Aber ein Meerschwein ist doch schließlich eine Art Schiff?

PHAIDROS

Alles ändert sich mit der Größe. Die Form geht nicht einfach mit, wenn sie zunimmt, und weder die Festigkeit der Stoffe noch die Organe, die die Richtung bewirken, würden ein solches Zunehmen der Größenverhältnisse aushalten. Wenn eine bestimmte Eigenschaft des Dinges wächst in arithmetischem Verhältnis, so verschieben sich die andern in anderer Weise.

SOKRATES

Dieser Triton, hat er wenigstens etwas Gutes zustande gebracht?

PHAIDROS

Einige wunderbare Dinge auf dem Meer. Einige andere freilich mögen irgendwo auf dem Grund liegen und, mit Muscheln besetzt, die Zeiten erwarten, da das Meer austrocknet. Aber ich habe den Stapellauf erlebt von der reinsten seiner Töchter, dieser feinen *Fraternité*, am Abend, da sie mit ihren schönen, geschwungenen Formen die erste Reise antrat. Ihre scharlachfarbene Wange empfing alle Küsse, die die Fahrt entlang aufspringen; die wohlgespannten Dreiecke ihrer vollen und harten Segel stemmten ihre Seite gegen die Wogen . . .

SOKRATES

O Leben! ... Und für mich die schwarzen und schlaffen Segel des Priesterschiffs, das mühsam von Delos zurückkam und sich schleppte in seinen Rudern ...

PHAIDROS

Wie schlecht verträgst du's doch, dein schönes Leben wieder zu leben!

SOKRATES

O mein bleicher Phaidros, Bruderschatten meines Schattens, ich fühle wohl, meine Schmerzen würden unendlich sein, wenn sie sich ausdrücken könnten in irgendeinem Stoff, wenn nicht das Fleisch fehlte, sie auszuüben! Sie fangen an zu wüten, aber sie kommen nicht zu Ende. Sie zeichnen sich ab, aber es ist unmöglich, ihnen Farbe zu geben! ... Gibt es etwas, was nichtiger wäre als der Schatten eines Weisen?

PHAIDROS

Ein Weiser selbst.

SOKRATES

Leider! Ein Weiser selbst, der hinter sich nichts zurückläßt als die Figur eines Schwätzers und gewisse Worte, die in einer unsterblichen Verlassenheit fortdauern ... Was habe ich anderes getan, als den übrigen Sterblichen den Glauben beigebracht, als wüßte ich mehr als sie über die zweifelhaftesten Dinge? – Und das Geheimnis dieses Glaubens beruht in einem so vorzüglich vollbrachten Tod, der dasteht im Schmuck einer solchen Ungerechtigkeit und von solcher Freundschaft umgeben, daß er die Sonne verdunkelt und die Natur aus der Fassung bringt. Ist es nicht das Fürchterlichste, aus ihm eine Art Meisterwerk zu machen?

... Das Leben ist unfähig, sich zu verteidigen wider solche unsterblichen Sterbestunden. Es stellt sich unüberwindlich vor in seiner Einfalt, daß das Schönste des Trauerspiels anfinge nach dem letzten Wort des letzten Verses! ... Die tiefsten Blicke des Menschen gelten dem Leeren. Sie treffen sich in einem Punkt, der außerhalb des Alls liegt.

Ach, ich habe mich einer Wahrheit bedient und einer Aufrichtigkeit, die verlogener waren als die Mythen und als die Worte der Eingebung. Ich lehrte, was ich mir ausdachte ... Ich verführte die Seelen und machte ihnen Kinder und brachte sie in geschickter Weise zur Welt.[71]

PHAIDROS

Du bist hart für uns alle.

SOKRATES

Hättet ihr mich nicht angehört, mein Stolz würde irgendein Mittel gefunden haben, sich eure Gedanken zu unterwerfen ... Ich hätte gebaut, gesungen ... O nachdenklicher Verlust meiner Tage! Was für einen Künstler habe ich zugrunde gehen lassen! ... Wie viele Dinge habe ich verachtet, aber wie viele zur Welt gebracht! ... Ich komme mir vor, als sei ich mein eigener Richter in der Hölle meines Geistes! Während der Leichtsinn meiner berühmten Aussprüche mir folgt und mich betrübt, rufe ich da für Eumeniden[72] diejenigen meiner Handlungen wach, die nicht stattgefunden haben, meine ungeborenen Werke – schwankende und ungeheure Verbrechen sind sie, diese schreienden Abwesenheiten; Morde, deren Opfer unvergängliche Dinge sind! ...

PHAIDROS

Tröste dich. Du würdest sie noch mehr bereuen, wenn du sie hervorgebracht hättest! Nichts scheint uns so schön und bereitet uns eine bitterere Reue als die verlorenen Gelegenheiten! Wenn wir sie aber verloren gehen ließen, geschah das nicht, weil es unmöglich war, sie zu ergreifen, ohne den ganzen Weltlauf zu stören?

SOKRATES

Das gerade möchten wir ja! ... Welche Seele würde zögern, das Weltall auf den Kopf zu stellen, um ein wenig mehr sie selbst zu sein. Du weißt, wir räumen den Dingen um uns kein anderes Recht ein als das, uns recht zu sein! – Im Grunde wünschen wir doch nur, daß die zahllosen Himmel, daß die Erde, daß das Meer, daß die Städte, daß auch die Menschen und ganz besonders die Frauen, ihre Seelen, ihre Kräfte, ihre Bezauberung, daß die Tiere und die Pflanzen – ja, wir wünschen sogar, daß die Götter alle zusammen und jeder nach seiner besonderen, unserem Wunsche angepaßten Schönheit, nach der Macht, die er unserer Schwäche einflößt –, daß sie alle nichts anderes seien als die Nahrung, der Schmuck, die Würze, die Stützen, die Vorräte, die Erleuchtung, die Sklaven, die Schätze, die Wälle und die Wonnen unserer Einzigkeit! Als ob unsere einzige Flamme und die an sich so kurze Dauer, die die ihrige ist, so viel wert wäre, daß sie ein Recht habe, alles zu verzehren, was war, was ist und was sein wird, auf daß sie, einmal da, in ihrem einzigen Glanz aufflamme mit allem Genuß und allem Wissen für das Wesen, das sie belebt und verschlingt! ... Wir sind der Meinung, daß alle Dinge, daß aller Aufwand der Zeit nur dazu da sei, um ein Bissen für unseren Mund zu sein, und wir können wohl nicht anders denken.

PHAIDROS

Du blendest mich und du erschreckst mich!

SOKRATES

Du kannst nicht wissen, was ich nun alles sehe, das ich hätte tun können.

PHAIDROS

Ich gestehe, daß dieser Schatten von Verzweiflung, den du da zeigst, und die Reueversuche, die sich um deine Erscheinung streiten, aus mir selbst ein Schreckgespenst machen. Wenn die anderen dich hörten!

SOKRATES

Glaubst du, sie würden mich nicht verstehen?

PHAIDROS

Hier ist fast jeder stolz auf sein vergangenes Leben. Sogar die Verbrecher brüsten sich mit ihrem infamen Ruhm. Keiner will zugeben, daß er sich getäuscht hat, und du, Sokrates, dessen reiner Name sogar den neidischen Larven Ehrfurcht auferlegt, du wärest imstande, ihnen diese trostlosen Geständnisse zu machen und bei ihnen um Mitleid und Verachtung zu werben?

SOKRATES

Hieße das nicht, Sokrates fortsetzen?

PHAIDROS

Man darf nicht von vorne anfangen wollen ... Zweimal gelingt's nicht.

SOKRATES

Sei nicht noch bitterer.

PHAIDROS

Ich gestehe dir, daß deine Worte irgendwie meine Freundschaft gekränkt haben. Du verstehst wohl, wenn du dich selbst herabsetzest und den Sokrates verächtlich machst, so sieht auch Phaidros, Phaidros, der sich ihm so ehrfürchtig gegeben hat, sich herabgesetzt und ausgeliefert an die Torheit, an die blindeste Einfalt!

SOKRATES

Dies ist ja leider unser Zustand. Aber ich versuche es, ihm etwas abzugewinnen. Glaubst du nicht, wir sollten diese grenzenlose Muße, die der Tod uns gewährt, dazu verwenden, uns ein Urteil zu bilden über uns selbst, und unermüdlich ein neues Gericht halten über uns, indem wir alles, was geschehen ist, wieder vornehmen, verbessern und anders beantworten; das wäre alles in allem ein Versuch, uns gegen das Nichtsein durch Einbildungen zu schützen, genauso, wie es die Lebendigen dem Sein gegenüber tun?

PHAIDROS

Was willst du also auf diesen Hintergrund des Nichts hinmalen?

SOKRATES

Den Anti-Sokrates.

PHAIDROS

Ich kann mir mehr als einen vorstellen. Es gibt mehrere Gegenteile von Sokrates.

SOKRATES

Da wäre also ... der Baumeister.

PHAIDROS

Gut. Der Anti-Phaidros hört ihm zu.

SOKRATES

O Mit-Toter für die Ewigkeit. Freund ohne Fehler, Diamant von Aufrichtigkeit, höre:

Ich fürchte, daß es nicht von Nutzen war, hinter diesem Gott, den ich mein Leben lang zu entdecken bemüht war, nur in Gedanken her zu sein, es war nutzlos, ihn gewinnen zu wollen aus der höchst veränderlichen und sehr gemeinen Empfindung für Recht und Unrecht und ihn zu drängen, daß er sich ergäbe unter dem Zugriff der durchtriebensten Dialektik. Der Gott, den man auf diese Weise findet, ist nur Wort, geboren aus dem Wort, und kehrt zum Wort zurück. Denn die Antwort, die wir gaben, ist niemals etwas anderes als die Frage selbst, und jede Frage des Geistes an den Geist ist nichts anderes als eine Einfältigkeit, kann nichts anderes sein. Wir sollten im Gegenteil in den Handlungen und in der Verknüpfung[73] von Handlungen das unmittelbarste Gefühl der göttlichen Gegenwart gewinnen und die beste Anwendung jenes Teils unserer Kräfte, die für das Leben nicht weiter nützlich sind, und die aufbewahrt scheinen, einen unbeschreiblichen Gegenstand zu verfolgen, der uns unendlich übertrifft.

Wenn also das Weltall die Wirkung ist irgendeines Aktes, dieser Akt selbst die Wirkung eines Wesens, eines Bedürfnisses, eines Gedankens, eines Wissens und einer Macht, die diesem Wesen eignet, so kann man nur wieder in einem Akt den großen Plan erreichen und die Nachfolge dessen, der alle Dinge gemacht hat. Das wäre die natürlichste Art, sich an die Stelle Gottes zu versetzen.

Nun ist von allen Akten der vollkommenste der des Bauens. Ein Werk bedarf der Liebe, der Überlegung, des Gehorsams gegen den schönsten Gedanken, einer gesetzgeberischen Kraft deiner Seele und noch anderes, was es aus dir gewinnen muß, während du nicht ahntest, alles das zu besitzen. Dieses Werk geht aus dem innersten Grund[74] deines Lebens hervor und ist doch nicht eins mit dir. Wenn es mit der Fähigkeit zu denken begabt wäre, würde es deine Existenz erahnen[75], ohne jemals so weit zu kommen, sie festzustellen oder sie klar zu begreifen. Du wärest ein Gott für es ...

Betrachten wir also diese große Handlung des Bauens.

Bedenke, Phaidros, der Demiurg, da er daran ging, die Welt zu machen, hatte es zu tun mit der Wirrsal des Chaos.[76] Alles vor ihm war gestaltlos. Es gab in diesem Abgrund nicht eine Handvoll Stoff, die nicht unendlich unrein gewesen wäre, und ein Gemisch von zahllosen Stoffen.

Er machte sich tapfer daran, an dieses entsetzliche Gemenge des Trockenen mit dem Feuchten, des Harten mit dem Weichen, des Lichts mit der Dunkelheit, aus dem das Chaos bestand, dessen ungeheure Unordnung die kleinsten Teile erfüllte. Er hat Ordnung gebracht in diesen irgendwie strahlenden Kot, wo es nicht ein Teilchen Reines gab, wo alle Kräfte aufgelöst waren, daß Vergangenheit und Zukunft, Zufälliges und Wesentliches[77], Dauerhaftes und Vergänglichstes, Nachbarschaft und Entfernung, Ruhe und Bewegung, das Leichte und das Schwere, daß alles so durcheinander war wie der Wein und das Wasser, wenn sie in einer Schale gemischt sind. Unsere Gelehrten versuchen immer, ihren Geist diesem Zustand anzunähern, aber der große Gestalter tat das Gegenteil. Er war der Feind der Ähnlichkeiten und jener versteckten Gleichheiten, die zu entdecken uns entzückt. Er richtete die Ungleichheit ein. Hand anlegend an den Teig der Welt, siebte er die Atome heraus. Er hat das Warme getrennt von dem Kalten, den Abend von dem Morgen; beinahe alles Feuer hat er in unterirdische Höhlen verdrängt und Trauben von Eis aufgehängt an den Spalieren der Morgenröte unter den Wölbungen des ewigen Äthers. Durch ihn wurde die Ausdehnung unterschieden von der Bewegung, die Nacht vom Tag. In der Wut, alles zu entzweien, spaltete er die ersten Tiere, die er abgetrennt hatte von den Pflanzen, in männliche und weibliche. Nachdem er endlich auch noch das geschieden hatte, was in den Wirrnissen des Ursprungs die dichteste Mischung eingegangen war – Stoff und Geist –, hat er in den Höhen des Feuerhimmels auf den unzugänglichen Gipfeln der Geschichte jene geheimnisvollen Massen aufgehäuft, deren unausweichliches und stummes Niedergleiten bis auf den Grund des Abgrunds die Zeit hervorbringt und mißt. Er hat dem Schlamme die schimmerndsten Meere ausgepreßt und die reinen Gewässer; er hat die Gebirge aus den Wellen gehoben und in schöne Inseln verteilt, was noch an Greifbarem übrigblieb. Auf diese Weise hat er alle Dinge gemacht und aus einem Rest von Schlamm den Menschen.

Aber der Baumeister, den ich jetzt vorstelle, findet sich gegenüber als Chaos und Rohstoff eben diese Ordnung der Welt, die der Demiurg aus der ursprünglichen Unordnung gezogen hat. Die Natur ist gestaltet, die Elemente sind getrennt; aber irgend etwas mutet ihm zu, dieses Werk für unvollendet zu halten, als ob es wieder vorgenommen werden sollte und in Bewegung gesetzt, um ausgerechnet dem Menschen zu genügen. Er nimmt den Punkt, wo der Gott stehengeblieben war, zum Ausgangspunkt seines Handelns. – Am Anfang, so sagt er sich, war, was ist: Die Gebirge und die Wälder, die Erzlager und die Adern, der rote Ton, der blonde Sand und der weiße Stein, der den Mörtel ergeben wird. Auch die starken Arme der Männer waren da und die schweren Kräfte von Büffeln und Rindern. Anderseits aber gab es Truhen und Speicher von klugen Tyrannen und von Bürgern, die sich unendlich bereichert hatten in ihren Geschäften. Es gab schließlich Priester, denen daran lag, ihren Gott unterzubringen, und gewaltige Könige, denen nichts zu wünschen übrigblieb als ein Grabmal ohnegleichen, und die Republiken, die von unüberwindlichen Mauern träumten, und greise Räte des Staates voll feinen Geschmacks und voll Nachgiebigkeit gegen Schauspieler und Sängerinnen, die darauf brannten, auf Staatskosten ihnen die wohlklingendsten[78] Theater zu erbauen.

Götter dürfen nicht ohne Dach bleiben, Seelen nicht ohne Schauspiel. Die Marmormassen sollen nicht tot in der Erde bleiben wie eine massige Nacht; Zedern und Zypressen fühlen sich nicht zufrieden, in Flammen oder Fäulnis unterzugehen, wenn es möglich ist, in wohlriechende Balken und glänzende Möbel verwandelt zu sein.

Noch weniger aber geht es an, daß das Gold der reichen Leute träge seinen schweren Schlaf schläft in den Urnen und in den Finsternissen der Schatzkammern. Dieses schwere Metall vermag, wenn es sich mit der Phantasie verbindet, die tätigsten Eigenschaften des Geistes anzunehmen. Es hat seine unruhige Natur. Sein Wesen ist Flucht. Es verwandelt sich in alle Dinge, ohne selbst jemals sich zu verwandeln. Es hebt Steinblöcke, durchbohrt Berge, lenkt Stürme ab, öffnet die Tore von Festungen und die verhaltensten Herzen. Es legt Menschen in Ketten; es kleidet und entkleidet die Frauen mit einer Geschwindigkeit, die ans Wunder grenzt. Es ist sicher die abstrakteste Kraft nach dem Gedanken; dieser schließlich bewirkt nur den Austausch von Bildern, die er umkleidet, während das Gold die Umwandlung der wirklichen Dinge untereinander erreicht und begünstigt. Keiner Verderbnis ausgesetzt, geht es rein durch alle Hände.

Gold, Arme, Pläne, die verschiedensten Stoffe, alles ist da und gleichwohl ohne Ergebnis.

– Da komme ich, sagt der Baumeister, ich bin die Handlung. Ihr seid Stoff, ihr seid Kraft, ihr seid Streben; aber ihr seid getrennt. Eine unbekannte Einrichtung hat euch vereinzelt und vorbereitet, so wie sie konnte. Der Demiurg verfolgte seine Pläne, die nicht Rücksicht nehmen auf seine Kreaturen. Das Gegenspiel mußte kommen. Ihn kümmerten nicht die Sorgen, die hervorgehen mußten aus dieser Trennung, die herzustellen ihn unterhalten hat oder vielleicht gelangweilt. Er hat euch das Leben gegeben und auch noch die Mittel, allerhand Dinge zu genießen, aber nicht gerade diejenigen, auf die ihr Lust habt.

Aber ich komme nach ihm. Ich bin der, der versteht, was ihr wollt, es eine Kleinigkeit besser versteht als ihr selbst; ich werde eure Schätze aufbrauchen mit etwas mehr Folgerichtigkeit und Genie, als ihr es tut; ich werde euch sehr viel kosten, ohne Zweifel, aber alle Welt wird dabei gewinnen. Ab und zu werde ich mich irren, und es wird ein paar Ruinen geben; aber man kann immer und mit großem Vorteil ein verfehltes Werk als eine Stufe ansehen, die uns dem Schönen näher bringt.

PHAIDROS

Sie haben Glück, daß du ein toter Architekt bist.

SOKRATES

Soll ich schweigen, Phaidros? – So wirst du niemals erfahren, was für Tempel, was für Theater ich erbaut haben würde im reinen sokratischen Stil! . . . Ich hatte vor, deine Augen damit zu beschäftigen, wie ich mein Werk ausgeführt haben würde. Ich entfaltete zuerst alle Fragen, ich entwickelte eine lückenlose Methode. Wo? – Für was? – Für wen? – Für welchen Zweck? – In welchem Maße? – Und indem ich meinem Geist mehr und mehr zusetzte, war ich auf dem höchsten Punkt imstande zu bestimmen, was dafür nötig sei, einen Steinbruch und einen Wald in Bauwerke zu verwandeln, in ein herrliches Spiel von Gleichgewichten! . . . Ich entwarf meinen Plan in Hinblick auf die Absichten der Menschen, die mich bezahlen; ich stellte in Rechnung die Räumlichkeit, das Licht, die Schatten, die Winde; der Platz war gewählt nach Größe, Lage, Zugang und Steg und nach der Natur des Baugrunds in der Tiefe . . .

Dann ging ich daran, aus dem Rohstoff meine Gegenstände herzustellen, ganz angepaßt an das Leben und die Freuden des blühenden Geschlechts . . . Höchst kostbare Gegenstände für den Körper, köstlich für die Seele[79] und von der Art, daß die Zeit selbst sie standhaft finden würde, und so schwer zu verdauen, daß sie nur den Jahrhunderten nachgeben sollten; und ich versah sie noch mit der Schicht einer zweiten Schönheit: es war etwas wie eine feine Vergoldung über ihnen, wie eine erhabene Heiligung und ein Zauber um sie von aufkommenden Vergleichen und eine heimliche Zärtlichkeit, die die Dauer mit sich brachte . . . Aber mehr wirst du nicht erfahren. Du kannst dir doch nur den alten Sokrates vorstellen, und deinen[80] Gewohnheitsschatten . . .

PHAIDROS

Nenne ihn treu, Sokrates, treu.

SOKRATES

Dann heißt es mir folgen und sich ändern, wenn ich mich ändere!

PHAIDROS

Aber wirst du denn in der Ewigkeit alle die Worte widerrufen, die dich unsterblich gemacht haben?

SOKRATES

Dort, unsterblich – im Vergleich zu den Sterblichen! ... – Aber hier ... Aber es gibt kein *Hier*, und alles, was wir da gesprochen haben, kann ebensogut als ein natürliches Spiel der Stille in dieser Hölle gelten, wie als Phantasie irgendeines Rhetors aus der anderen Welt, der uns zu seinen Marionetten gemacht hat.

PHAIDROS

Darin besteht, streng genommen, die Unsterblichkeit.

ANMERKUNGEN

DIE SEELE UND DER TANZ

Übersetzung: Rainer Maria Rilke, in: Paul Valéry, *Eupalinos oder Der Architekt. Eingeleitet durch ›Die Seele und der Tanz‹*, Suhrkamp Verlag Frankfurt am Main 1973, S. 6-53. Die Textgrundlage bildet die von Karin Wais durchgesehene und kommentierte Ausgabe von 1973 (nach der Erstausgabe von 1927 im Insel-Verlag unter Berücksichtigung des im Rilke-Archiv befindlichen Manuskripts). Abweichungen sind in den Anmerkungen durch Hinweis auf den französischen Text vermerkt.
Valéry veröffentlichte den Dialog »L'Âme et la Danse«, der unmittelbar im Anschluß an »Eupalinos ou l'Architecte« entstand, zuerst in einer Sondernummer der *Revue Musicale* (1. Dezember 1921) zum *Ballet au XIXe siècle* (Éditions de la Nouvelle Revue Française). Er trägt dort den Untertitel *Dialogue socratique*.
In: *Œuvres* II, S. 148-176, »L'Âme et la Danse«.

Außer Sokrates und Phaidros, die auch in »Eupalinos oder Der Architekt« auftreten, führt Valéry hier als dritten Gesprächspartner den Arzt Eryximachos ein, der in Platons *Symposion* eine wichtige Rolle spielt. Ob Valéry Lukians Dialog *Über den Tanz* kannte, ist ungewiß. Über den antiken Tanz informierte sich Valéry vor allem in dem Werk von Maurice Emmanuel, *La Danse grecque antique*, Hachette, Paris 1896.
Angeregt zu diesem Dialog wurde Valéry durch einen Gedanken Mallarmés: »La danseuse *n'est pas une femme qui danse*, pour ces motifs juxtaposés qu'elle *n'est pas une femme*, mais une métaphore résumant un des aspects élémentaires de notre forme, glaive, coupe, fleur etc. et *qu'elle ne danse pas*, suggérant, par le prodige de raccourcis ou d'élans, avec une écriture corporelle ce qu'il faudrait des paragraphes en prose dialoguée autant que descriptive, pour exprimer, dans la rédaction: poème dégagé de tout appareil du scribe«. (»Die Tänzerin *ist keine Frau, die tanzt*, aus zwei verschiedenen Gründen: sie *ist keine Frau*, sondern eine Metapher, die in sich einen der grundlegenden Aspekte unserer Form, Schwert, Kelch, Blume usw., zusammenfaßt, und *sie tanzt nicht*, sondern deutet wie ein Wunder durch verkürzte oder schwungvolle Bewegungsabläufe mit körperlicher Schrift an, wozu – wollte man es niederschreiben – ganze

Absätze in dialogischer und beschreibender Prosa nötig wären: ein Gedicht, von jeglichem Schriftzeichen befreit.«) (Stéphane Mallarmé, »Crayonné au Théâtre«, in: *Œuvres complètes*, a.a.O., S. 304). Die in seinem Dialog angesprochenen Ideen hat Valéry wiederaufgenommen und ergänzt in seinem Essay »Philosophie de la Danse« (Philosophie des Tanzes, in: *Werke*, Bd. 6). Valéry erhebt die Tanzkunst zum Paradigma jeglicher Kunst, die die Möglichkeiten der ästhetischen Selbstverwirklichung des menschlichen Körpers auszuschöpfen versucht. Zur Einführung in diesen Dialog ist neben den bereits genannten Arbeiten zu *Eupalinos* noch zu verweisen auf Marieluise Blessing, *Der philosophische Dialog als literarische Kunstform von Renan bis Valéry*, Diss. Tübingen 1965, S. 125-152, und Maurice Got, *Assomption de l'espace. À propos de ›L'Âme et la Danse‹*, Société d'Édition d'Enseignement Supérieur, Paris 1966.

1 Frz.: »équitablement«.
2 Frz.: »certain«.
3 Frz.: »netteté«.
4 Frz.: »de l'orchestique«.
5 Rhodopis war eine wegen ihrer Schönheit berühmte Hetäre des 6. Jh. v. Chr.
6 Wortneuschöpfung Valérys unter Verwendung von griech. »ῥόδον« (Rose).
7 Von Valéry erfundene Namen, die zum Teil assoziativ auf griechische Sprachelemente zurückgreifen, so z.B. Niphoë (vgl. griech. »νιφόεις«, schneeig, schneereich), Nema (vgl. griech. »νῆμα«, Garn), Nikteris (vgl. griech. »νύκτερος«, nächtlich), Ptile (vgl. griech. »πτίλον«, Flaumfeder). Einen echten Namen aus der griechischen Mythologie trägt Nephele, Mutter des Phrixos und Gemahlin des Königs von Theben, Athamas.
8 Athikte ist aus einer griechischen Partizipialform gebildet (»αθικτή«) mit der Bedeutung »unberührt, unberührbar, heilig«.
9 Frz.: »la pensée«.
10 Frz.: »la divine pensée«.
11 Zum Begriff des »lebendigen Systems« (»système vivant«), der Gesamtfunktionsweise des Menschen, vgl. die Rubrik *System* in *Cahiers/Hefte*, Bd. 2.
12 Frz. »ému«.
13 Valéry hat auf den antiken Herkules-Mythos in seinem Gedicht »Ode secrète« (Heimliche Ode, in: P. Valéry, *Gedichte*, a.a.O.) zurückgegriffen (vgl. hierzu K. Maurer, *Interpretationen zur spä-*

ten Lyrik Paul Valérys, München 1951). Sein musikalisches Drama *Sémiramis* endet damit, daß sich Semiramis sterbend in eine Taube verwandelt (vgl. *Œuvres* I, S. 196).

14 Frz.: »tâtonnements étourdissants«.

15 Frz.: »tu ne peux donc jamais jouir que de toi-même?«.

16 Frz.: »se font ma propre pensée, et pensent, en quelque sorte, à la place de Phèdre«.

17 Frz.: »ce qu'il y a de réel dans le réel«.

18 Frz.: »créature universelle«.

19 Anspielung auf Aphrodite, die »Schaumgeborene« nach antiker Mythologie.

20 Frz.: »représente«. Der Hinweis darauf, daß der Tanz keine darstellende Funktion hat, läßt sich als Dekonstruktion jeglicher Repräsentationsästhetik verstehen.

21 Frz.: »des emportements et des grâces de l'amour«.

22 Frz.: »parmi tant de substances actives et efficientes«.

23 Zum »ennui de vivre« (Lebensüberdruß) finden sich in Valérys *Cahiers* zahlreiche Texte. Vgl. z. B. die diesbezüglichen Stellen in *Gedanken. Cahier B 1910* (*Werke*, Bd. 5).

24 Frz.: »exacte«.

25 Frz.: »rationnel«.

26 Frz.: »nous imaginâmes«.

27 Der Salamander gilt seit der Antike und vor allem nach Vorstellungen der Alchimie als ein symbolisch deutbares Fabeltier, das sich von Feuer ernährt und im Feuer lebt, ohne zu verbrennen.

28 Frz.: »ce qui n'existe pas«.

29 Frz.: »jouer à l'universalité de l'âme«.

30 Frz.: »sa forme«.

31 Frz.: »l'absurde«.

32 Frz.: »l'instable«.

EUPALINOS ODER DER ARCHITEKT

Übersetzung: Rainer Maria Rilke, in: Paul Valéry, *Eupalinos oder Der Architekt. Eingeleitet durch ›Die Seele und der Tanz‹*, Suhrkamp Verlag Frankfurt am Main 1973, S. 56-170. (Die Erstausgabe erschien 1927 im Insel-Verlag Leipzig unter dem Titel: *Eupalinos oder die Architektur. Eingeleitet durch Die Seele und der Tanz*, S. 63-208.) Die Textgrundlage bildet die von Karin Wais durchgesehene und kommentierte Ausgabe von 1973 (nach der Erstausgabe von 1927 unter Berücksichtigung des im Rilke-Archiv befindlichen

Manuskripts). Abweichungen sind in den Anmerkungen durch Hinweis auf den französischen Text vermerkt.
Zu den Beziehungen zwischen Rilke und Valéry vgl. *Werke*, Bd. 3, S. 523-529, und Karin Wais, *Studien zu Rilkes Valéry-Übersetzungen*, Diss. Tübingen 1967.
Der Dialog erschien erstmals leicht gekürzt in: *La Nouvelle Revue Française* 90 (1921), S. 237-285, unter dem Titel »Eupalinos ou l'Architecte – Dialogue des morts«, vollständig dann als Vorwort zu dem Luxusalbum *Architectures* (Hg. Louis Suë und André Mare), Éditions de la Nouvelle Revue Française, Paris 1921, wofür auch der genaue Umfang (115800 Schriftzeichen) festgelegt worden war.
In: *Œuvres* II, S. 79-147, »Eupalinos ou l'Architecte«.

Valéry knüpft in »Eupalinos« an die Gattung der philosophischen Dialoge Platons an, faßt jedoch im Gegensatz zu diesem die Gespräche zwischen Sokrates und Phaidros zugleich in der Tradition von Lukian und – in Frankreich – von Fontenelle und anderen als Totengespräch auf. Den Namen des griechischen Architekten Eupalinos, eigentlich eines Ingenieurs aus Megara, entnahm Valéry dem Artikel über Architektur in der Grande Encyclopédie Berthelot. Seine Kenntnis der Dialoge Platons blieb freilich recht oberflächlich. In seiner Schulzeit hatte er im Griechischunterricht einige Texte Platons gelesen, später – 1891 – gehörte Platons *Gastmahl* (*Symposion*) zeitweilig zu seiner Lieblingslektüre. Die Figur des Phaidros, der in Valérys »Eupalinos« als Gesprächspartner des Sokrates auftritt, war Valéry sowohl aus Platons *Symposion* wie aus dessen Dialog *Phaidros* vertraut.
Der dem Dialog zugrundeliegende Vergleich zwischen der Architektur und der Musik beschäftigte Valéry bereits seit seiner Jugend, wie einer seiner frühesten Essays, sein »Paradoxe sur l'architecte« (Paradox über den Architekten) aus dem Jahre 1891 belegt (in: *Œuvres* II, S. 1403-1406; dt. in: *Werke*, Bd. 6). Hierin äußert sich eine grundlegende Idee seiner Ästhetik, derzufolge Kunst in ihrem tiefsten Wesen keine äußere Abbildung der Natur, sondern eine »Konstruktion« des Geistes ist, das kombinatorische Spiel mit einem Potential an Zeichen und Formen, das sich der Mensch, wie aus der Entstehung und Entwicklung der Musik und der Architektur erkennbar, selbst erschaffen und ausgebildet hat. Vgl. hierzu vor allem Valérys »Einführung in die Methode von Leonardo da Vinci«, in: Paul Valéry, *Leonardo. Drei Essays*. Übertragen von Karl August Horst, Frankfurt am Main 1960; sowie in:

Werke, Bd. 6. Zum Verständnis dieses Werks vgl. J. Parisier-Plottel, *Les dialogues de Valéry*, P.U.F., Paris 1960; A.J.A. Fehr, *Les dialogues antiques de Paul Valéry. Essai d'analyse d'Eupalinos ou l'Architecte*, Universitaire Pers, Leiden 1960; H. Sckommodau, »Eupalinos. Valérys Ideen vom Paradox des Architekten«, in: *Sprachen der Lyrik. Festschrift für Hugo Friedrich* zum 70. Geburtstag, hg. von E. Köhler, Frankfurt/M. 1975, S. 815-830, sowie allgemein A. Lazaridès, *Valéry. Pour une poétique du dialogue*, Les Presses de l'Université de Montréal, 1978. Weitere Hinweise in den Anmerkungen.

1 »Zu Gefallen«, interpretierbar auch als Anrufung der personifizierten Anmut, »Χάϱις« (Grazie).

2 Alkibiades, der athenische Staatsmann und Feldherr (um 450-404 v. Chr.), tritt in Platons *Gastmahl* (*Symposion*) auf. Zenon von Elea, Schüler des Parmenides (um 496-430 v. Chr.), den Platon in seinem Dialog *Parmenides* erwähnt, ist vor allem durch seine Bewegungsparadoxa bekannt, von denen Valéry den Wettlauf des Achill mit der Schildkröte mehrfach, so auch in seinem Gedicht »Le Cimetière marin« (Der Friedhof am Meer) anführt (vgl. hierzu Jürgen Schmidt-Radefeldt, »Die Aporien Zenons bei Paul Valéry«, in: *Romanische Forschungen* 83 (1971), S. 52-69). Menexenos und Lysis sind Gesprächspartner des Sokrates in gleichnamigen Dialogen Platons.

3 Am Ufer des Flusses Ilissos, der im Altertum das Stadtgebiet von Athen umfloß, trifft sich Sokrates mit Phaidros in Platons Dialog *Phaidros*.

4 Erneute Anspielung auf Platons *Phaidros*, wo Sokrates und Phaidros sich am Tempel der Artemis beim Altar des Boreas, des Gottes des Nordwindes, über die Schönheit unterhalten.

5 Am Mythos des Orpheus fesselte Valéry schon früh vor allem das Vermögen des thrakischen Sängers, der auch als Erfinder der Musik galt, durch seinen Gesang und sein Saitenspiel Steine in Bewegung zu setzen und – wie Amphion – zu einem architektonischen Bauwerk zusammenzufügen. Valéry schloß daher bereits seinen Essay »Paradoxe sur l'architecte« (Paradox über den Architekten) mit einem Sonett an Orpheus, das unter dem Titel »Orphée« auch im Gedichtzyklus *Album de vers anciens* (*Album alter Verse*, vgl. *Werke*, Bd. 1) Aufnahme fand. Über das Projekt eines Balletts zum Orpheus-Mythos, das Valéry ursprünglich Debussy vorschlug und später in Gestalt seines musikalischen Dramas *Amphion* mit Arthur Honegger verwirklichte, siehe in diesem Band S. 429-432.

6 Valéry hat dieses Grundprinzip seiner Ästhetik von Poe und Mallarmé übernommen. Er selbst verweist aber auch zustimmend auf Voltaires Worte »La poésie n'est faite que de beaux détails« (»Die Poesie besteht nur aus schönen Einzelheiten«) (*C. Pl.* II, S. 1086). Zu den Fragen der poetischen Komposition vgl. Jean Hytier, *La poétique de Valéry*, Armand Colin, Paris 1953.

7 Äskulap, griech. Asklepios, ist der Heil- und Arztgott der Antike, während Athene die Göttin der Weisheit ist, die Philosophen, Redner und Dichter beschützt.

8 Valérys Kritik an den philosophischen Systemen durchzieht sein ganzes Werk. Vgl. hierzu die Rubrik *Philosophie* in Valérys *Cahiers/Heften*, Bd. 2, S. 13-358.

9 Anspielung auf Platons Lehre von der Schönheit (im *Phaidros* und im *Symposion*), deren metaphysische Begründung Valéry ablehnt.

10 »Ideen, glanzvolle Krönung einer langen Sehnsucht«. Berühmter Vers aus Mallarmés Gedicht »Prose pour des Esseintes« (in: Stéphane Mallarmé, *Œuvres complètes* (Bibliothèque de la Pléiade), Gallimard, Paris 1945, S. 56).

11 Frz. »Le très admirable Stephanos« gräzisiert den Vornamen von Stéphane Mallarmé.

12 Frz. »Heures« bezeichnet hier die Horen, die Göttinnen der Jahreszeiten nach der griechischen Mythologie, kann aber auch »Stunden« bedeuten.

13 Frz.: »informe«.

14 Frz.: »se rapporte à l'intelligible ...«.

15 Hermes galt den Griechen unter anderem auch als Erfinder der Lyra, worauf Valéry in »Amphion« anspielt (in diesem Band S. 411).

16 Anspielung auf Platons *Phaidros* und das Gespräch über die Unsterblichkeit im Gefängnis unmittelbar vor dem Tode des Sokrates, wo die Abwesenheit Platons und Aristipps (geb. um 435 v. Chr.), eines Schülers von Sokrates und späteren Begründers der Kyrenaischen Schule, erwähnt wird (59 b-c).

17 Da die römische Göttin Minerva der griechischen Göttin Athene (vgl. Anm. 7) entspricht, ist hier die »Ausrüstung« mit Weisheit gemeint.

18 Frz.: »ressources«.

19 Frz.: »quelles liaisons universelles ils contiennent«.

20 Über die Bedeutung des Körpers vgl. die Rubrik *Soma* und *Körper/Geist/Welt*, in *Cahiers/Hefte*, Bd. 3, sowie »Einfache Überlegungen zum Körper« in: *Werke*, Bd. 4, S. 201-210. Vgl. hierzu

Karl Löwith, *Paul Valéry. Grundzüge seines philosophischen Denkens*, Vandenhoeck & Ruprecht, Göttingen 1971.

21 Anspielung auf das Wort des Protagoras: »Der Mensch ist das Maß aller Dinge«, das Valéry in seinen »Inspirations méditerranéennes« zitiert (*Œuvres* I, S. 1092).

22 Frz.: »sans profondeur, et si vainement«.

23 Frz.: »une construction bien ordonnée«.

24 Vgl. hierzu Valérys Gedichte »L'Abeille« (Die Biene), in *Werke*, Bd. 1.

25 Vgl. Valérys Gedicht »Cantique des colonnes« (Der Gesang der Säulen), in: Paul Valéry, *Gedichte*. Französisch und Deutsch. Übertragen von Rainer Maria Rilke. Mit einem Nachwort von Karl Krolow, Frankfurt am Main 1988, sowie in: *Werke*, Bd. 1.

26 Anspielung auf das Paradox Zenons vom Wettlauf des Achill mit der Schildkröte. Vgl. Anm. 2.

27 Frz.: »la vue«.

28 Frz.: »la vue«.

29 Diokles ist der Name eines wenig bekannten Philosophen aus der Schule der Pythagoreer.

30 Zu ergänzen ist »Lüge« mit Anspielung auf Joh. 8,44, wo der Teufel als der »Vater der Lüge« bezeichnet wird.

31 Griech. »Logos«, umfaßt die Bedeutungen: Redekunst, Vernunft und Rechenkunst.

32 Frz.: »développements certains et éloignés«.

33 Mit der griechischen Bedeutung »Heerführer, Feldherr«.

34 Der Räuber Cacus, Sohn des Vulkan, wurde von Herkules in seiner Höhle, wo er sich versteckt hatte, aufgespürt und erdrosselt. (Vergil, *Aeneis*, VIII, 185-267.)

35 Diese Episode beruht auf einem tatsächlichen Erlebnis Valérys, der in seiner Jugend am Strand von Maguelonne (bei Sète) »l'objet ambigu«, »matière à doutes« gefunden hatte (*Œuvres* II, S. 1402). Vgl. hierzu H. Blumenberg, »Sokrates und das ›objet ambigu‹. Paul Valérys Auseinandersetzung mit der Ontologie des ästhetischen Gegenstandes«, in: *Epimeleia. Festschrift für H. Kuhn*, hg. von P. Wiedemann, München 1964, S. 285-323.

36 Anspielungen auf die schon von Hesiod erwähnte Büchse der Pandora und die berühmte Beschreibung der Anfertigung des Schildes von Achill, des Sohnes von Peleus, in Homers *Ilias* (XVIII, 478-608).

37 Frz.: »je foulais fortement le bord sinueux«.

38 Frz.: »brusque«.

39 So wie nach griechischer Mythologie die fünfzig Töchter des

Königs von Argos, Danaos, im Hades unablässig Wasser in ein durchlöchertes Faß schöpfen mußten, so ist die Arbeit des Geistes ein dauerndes vergebliches Mühen.

40 Der Meergreis Proteus, dessen Verwandlungsfähigkeit sprichwörtlich wurde, hütete im ägyptischen Meer die Robben des Poseidon (Homer, *Odyssee*, IV, 364-424).

41 Frz.: »ses armures«.

42 Frz.: »Comment s'y prendre, sinon par ...«.

43 Frz.: »on repart«.

44 Frz.: »ne s'inquiètent pas de ›toutes‹ les qualités de la substance qu'ils modifient, mais seulement de quelques-unes«.

45 Frz.: »forme de fleur«.

46 Der auf Aristoteles zurückgehende Begriff der »natura naturans« bezeichnet in der Scholastik die Natur als erschaffendes Prinzip im Gegensatz zur »natura naturata«, der – von Gott – geschaffenen Natur.

47 Phidias (5. Jh. v. Chr.) gilt als der bedeutendste griechische Bildhauer seiner Zeit. Perikles (nach 500-429 v. Chr.) ist als politisch sehr erfolgreicher athenischer Staatsmann mit künstlerischen Interessen in die Geschichte eingegangen. Zu Zenon vgl. Anm. 2.

48 Frz.: »indiscernable«.

49 Frz.: »connaissance«.

50 Anspielung auf Pascals Worte: »Le Silence éternel de ces espaces infinis m'effraye« (»Das ewige Schweigen dieser unendlichen Räume macht mich schaudern«) (in: Blaise Pascal, *Pensées*, éd. L. Brunschvicg, III, 206; dt. in: Blaise Pascal, *Über die Religion und über einige andere Gegenstände*. Aus dem Französischen übertragen und mit einem Nachwort herausgegeben von Ewald Wasmuth, Frankfurt am Main 1987, S. 115), an denen Valéry in seinem Essay »Variation über einen Gedanken Pascals«, in: *Werke*, Bd. 4, S. 91-109, heftige Kritik übt.

51 Der griechische Architekt Iktinos erbaute zusammen mit Kallikrates 448-432 den Parthenon auf der Akropolis in Athen. Chersiphron war ein Architekt des frühen 6. Jh. v. Chr. aus Knossos, der einen der Tempel der Artemis in Ephesos errichtete. Spintaros aus Korinth (nicht Spintanos, wie bei Valéry) war der Erbauer eines 360-330 errichteten Apollon-Tempels in Delphi.

52 Frz.: »qu'elles augmentent en harmonie avec les autres choses environnantes«.

53 Frz.: »qu'ils soient spontanés«.

54 Grundlegende Auffassung Valérys, in den *Cahiers* zumeist abge-

kürzt als C. E. M. (= Corps-Esprit-Monde) bezeichnet. Vgl. vor allem die Rubrik *Körper/Geist/Welt* in *Cahiers/Hefte*, Bd. 3.

55 Frz.: »œuvre complète«.

56 Frz.: »la fonction qu'il doit remplir«.

57 Frz.: »secrètes«.

58 Frz.: »la pratique«.

59 Frz.: »fonctions«.

60 Nach griechischer Mythologie einer der bekanntesten Büßer im Hades, wo er, auf ein feuriges Flügelrad gebunden, ewig für seine Frevel büßen muß.

61 Der griechische Philosoph Anaxagoras (um 500-428 v. Chr.) wird u. a. in Platons *Phaidros* (97 b-98 b) erwähnt. Melissos (um 410-360 v. Chr.) war ein Schüler des Parmenides.

62 Anspielungen auf den »Lehrsatz« des Pythagoras (um 570-um 497 v. Chr.) und den fälschlich nach dem Philosophen aus Milet benannten »Satz« des Thales (um 650-um 560 v. Chr.).

63 Frz.: »mariage de la pratique avec la théorie«.

64 Zum Schiff des Odysseus vgl. Homer, *Odyssee*, V, 235 ff. Mit der Arche des Jason ist das Schiff der Argonauten gemeint.

65 Triton der Sidonier ist keine historisch belegte Person.

66 Frz.: »notions«.

67 Frz.: »toutes faites«.

68 Frz.: »pouvoirs«.

69 Frz.: »nos pouvoirs«.

70 Frz.: »la mer agitée«.

71 Anspielung auf die sokratische Methode der sogenannten »Hebammenkunst« (Mäeutik), die durch geschicktes Fragen und Antworten die in den Menschen liegende richtige Erkenntnis »zur Welt« bringt.

72 Euphemistische Bezeichnung (die »Wohlgesinnten«) für die Erinnyen, die Rachegöttinnen der griechischen Mythologie.

73 Frz.: »combinaison«.

74 Frz.: »du plus intime«.

75 Frz.: »pressentir«.

76 Anspielung auf den Demiurg, den »Weltbaumeister«, in Platons *Timaios*.

77 Frz.: »l'accident et la substance«.

78 Frz.: »sonores«.

79 Frz.: »objets très précieux pour le corps, délicieux à l'âme«.

80 Frz.: »ton«.

INHALT

Suhrkamp Verlag GmbH
Torstraße 44, 10119 Berlin
info@suhrkamp.de
www.suhrkamp.de